René Ayaovi Gayito Adagba

L' ordonnance d'un prêtre

René Ayaovi Gayito Adagba

L' ordonnance d'un prêtre

Éditions Muse

Imprint

Any brand names and product names mentioned in this book are subject to trademark, brand or patent protection and are trademarks or registered trademarks of their respective holders. The use of brand names, product names, common names, trade names, product descriptions etc. even without a particular marking in this work is in no way to be construed to mean that such names may be regarded as unrestricted in respect of trademark and brand protection legislation and could thus be used by anyone.

Cover image: www.ingimage.com

Publisher:
Éditions Muse
is a trademark of
International Book Market Service Ltd., member of OmniScriptum Publishing Group
17 Meldrum Street, Beau Bassin 71504, Mauritius
Printed at: see last page
ISBN: 978-620-2-29675-5

Dédicace à :

Mon feu grand père, Florent Nascimento

Mon père, Florus Franklin Agnidé

Papa, comme si tu préfigurais à quoi pouvait ressembler ce temps de carême de l'an deux mil vingt et à quoi pouvait s'attendre un Chrétien en proie à la douleur et à la rage d'un monstre invisible. Tu as su très tôt te donner la tâche d'être ce Père Spirituel averti et omniprésent en me faisant vivre dès les premiers jours les symptômes de ta maladie, le Christ. Assidu à la lecture de tes méditations quotidiennes, mon esprit se préparait à une tragédie dont la venue n'était révélée ni au plus futé ni au plus rusé de ce monde. Vingt jours après le mercredi des cendres, on m'annonçait que j'étais aussi un des porteurs de ce véreux virus, qui sur son chemin avait déjà fait des milliers de morts et une multitude de dégâts collatéraux. Il fallait, donc pour la lutte qui m'attendait, un esprit fort dans un corps sain. Et si les jours avant tu n'étais pas là, Père Franklin Florus ? Je n'aurais ni l'un, ni l'autre. Mais tu y étais. Et si c'était à reprendre ? Et si tu pouvais reprendre ? Déchirer les cieux comme Jésus ? pour être là tu le ferais. J'étais suffisamment préparé. Et tu as poursuivi durant les jours restants, à m'envoyer les pensées profondes qui nourrissaient tes lectures de la Parole de Dieu. Tu l'ignorais sûrement, mais ces écrits étaient pour moi comme les beaux tableaux de Picasso, les belles mélodies de Auger ou les belles chansons de Cabrel. J'en avais besoin pour embellir la douleur que le microbe me faisait subir et le chagrin dont il m'entourait. Durant quarante jours, tu étais là à me montrer et à me démontrer qu'il n'était pas question d'être extraordinaire. Tes écrits pétris dans la Sagesse Divine, me montraient combien l'ordinaire était le chemin de la vie. Et enfin nous avions gagné. Le dimanche de Pâques, le Christ était ressuscité et moi avec. On ne m'appelait plus victime mais rescapé car pour ceux qui ont mis leur foi en lui, ainsi il en sera. J'ai voulu que ce recueil de tes méditations que j'ai lues, bues et mangées dans les labyrinthes de la vie et qui ont été pour moi, des chants doux et des chuchotements de mots d'amour soient exposées à la face du monde. Peut-être que comme moi quelqu'un dans un coin de la terre en aura besoin…

Mercredi des Cendres

« Ton Père qui voit dans le secret te le rendra. » Mt 6, 18.

Dieu nous attend dans le secret de nos vies. Et c'est dans ce secret qu'il veut nous rencontrer et qu'il veut nous combler aussi bien de sa présence que de ses grâces.

Ce secret c'est notre cœur, notre âme, notre conscience. Dieu nous attend donc dans notre cœur, notre âme, notre conscience pour s'unir à nous et nous fait vivre. C'est un rendez-vous qu'il nous donne.

Le temps de carême nous renvoie à ces lieux pour honorer le rendez-vous de Dieu. Ainsi, présents à lui en ces lieux, nous pouvons le retrouver pour commencer avec lui la marche de nos vies.

Premier Jour

Il leur disait à tous : « Celui qui veut marcher à ma suite, qu'il renonce à lui-même, qu'il prenne sa croix chaque jour et qu'il me suive. Car celui qui veut sauver sa vie la perdra ; mais celui qui perdra sa vie à cause de moi la sauvera. Quel avantage un homme aura-t-il à gagner le monde entier, s'il se perd ou se ruine lui-même ? » (Lc 9, 23)

Le renoncement à soi-même est le point de départ de tout cheminement chrétien. Tout cheminement chrétien qui se veut vrai et authentique doit prendre sa source dans le renoncement à soi.

En effet, tout ce qui oppose l'homme à Dieu est son « Moi ». Ce « moi » animal, ce « moi » propriétaire, ce « moi » dans lequel nous retombons sans cesse, ce « moi » qui s'oppose en nous à la lumière, ce « moi » qui fait de Dieu une caricature et une idole, ce « moi » qui modifie l'univers en défigurant Dieu, constitue un réel obstacle pour nous dans notre cheminement spirituel. Il est donc question pour nous de nous dépouiller radicalement de tout ce « moi » humain pour revêtir le « Moi » divin. Nous devons laisser le « Moi » divin assumé complètement et radicalement notre « moi » humain pour retrouver notre stabilité en Dieu, pour nous réconcilier avec Dieu et le prochain, principe majeure du temps de Carême (cf. Message du pape pour Carême 2020). Car dans le « Moi divin », le « Je est un Autre ». Ce dépouillement de nous-mêmes est important et nécessaire pour offrir à Dieu cette transparence absolue qui, seule, peut nous révéler la Divine Pauvreté, le Mystère Divin qui est un Mystère de dépouillement, un Mystère de Pauvreté. Le temps de carême nous invite donc à se dépouiller de nous-mêmes pour mieux porter le Christ. Et c'est vraiment cela « perdre sa vie pour le Christ pour la sauver » (Cf. Lc 9, 24b).

Bonne journée de Carême.

Deuxième Jour

« Les invités de la noce pourraient-ils donc être en deuil pendant le temps où l'Époux est avec eux ? » (Mt 9, 15)

Mais des jours viendront où l'Époux leur sera enlevé ; alors ils jeûneront. »

Le temps de carême est ce temps que l'Eglise nous offre, soit :

- pour faire revenir le Christ dans notre vie. C'est à dire dans notre cœur, notre âme, notre conscience, le lieu idoine où il habite en nous.

- pour protéger le Christ en nous de nos limites, nos obstacles, nos égoïsmes et notre orgueil.

Il revient donc à chacun de faire le bilan de sa vie et de savoir ce qu'il a à faire concrètement pendant ce temps. Il est question de déterminer la situation dans laquelle nous nous retrouvons pour ne pas se livrer à un jeûne sauvage et sans objectif concret. Cela nous demande un peu de discernement pour savoir réellement ce que nous devons faire non seulement pour le faire revenir à sa place mais l'y installer soigneusement et de façon confortable. N'est-ce pas cela la spiritualité du carême ?« Faire revenir Dieu dans notre âme, notre cœur, notre conscience, le lieu de son repos, son sanctuaire ». Le prophète Joël nous l'a bien énoncé le mercredi des cendres lorsqu'il dit : « Qui sait ? Il pourrait revenir, il pourrait renoncer au châtiment, et laisser derrière lui sa bénédiction. » (Jl 2, 14).

Que tous nos exercices spirituels et toutes nos dévotions en ce temps nous aident vraiment à le faire venir ou revenir et à le protéger en nous.

Bonne journée de Carême.

Troisième Jour

« Ce ne sont pas les gens en bonne santé qui ont besoin du Médecin, mais les malades. Je ne suis pas venu appeler des justes mais des pécheurs, pour qu'ils se convertissent. » (Lc 5, 32).

Jésus ouvre aujourd'hui sous nos yeux, l'évangile des imparfaits. Et nous invite non seulement à le lire, mais à le méditer et à nous l'approprier. Rien n'est évident dans la situation que nous présente l'évangéliste Luc ce matin. Mais ce qui peut nous désorienter en même temps qu'il nous rassure est cette petite voie des imparfaits, ce chemin d'imperfection qui s'ouvre devant nous et qui ouvre la porte de sainteté aux faibles, aux pauvres, aux marginalisés, aux rejetés, aux humiliés et que sais-je encore. Une seule chose à ce niveau qui relève et relance le débat : la prise de conscience que Dieu est Miséricorde par excellence à tel point qu'il descend vers la personne qui reconnaît sa misère et qui se confie en lui. C'est déjà l'intuition de Ste Thérèse de Lisieux. Pour elle, en effet, la misère reconnue est un levier, un ascenseur pour s'élever jusqu'au cœur de Dieu, l'obliger à déployer les torrents de sa Miséricorde. Elle révèle que ce qui est le plus misérable, le plus faible, le moins aimable sur le plan physique, psychologique ou spirituel est le plus grand trésor pour attirer et ouvrir le Cœur de Dieu.

Nous sommes donc invités, en ce temps de carême, à sortir de notre pharisaïsme, pour nous ranger humblement parmi les imparfaits. C'est là que Dieu nous attend pour déverser sur nous sa Miséricorde et son Amour.

Bonne journée de Carême.

Premier Dimanche de Carême

Notre vie Chrétienne est une vie remplie de tentations. Du moins, c'est ce que notre catéchisme nous a enseigné et les histoires religieuses ne sont pas du reste en la matière. La prière que Jésus lui-même nous a enseignée est très claire sur la question. Et si nous prions le « Notre Père », c'est aussi et surtout pour demander au père de nous aider à ne pas succomber à la tentation.

Ainsi, dans ce sens, il n'est pas rare de voir des chrétiens passés toute leur vie à lutter contre la tentation par tous les moyens et tous les exercices spirituels mis à leur disposition. Ils peuvent lutter à tous azimuts contre la tentation charnelle, la tentation à l'avoir, la tentation gustative, la tentation au savoir en évitant toute compromission et en rejetant en eux tout désir de s'immiscer dans la chose politique ou d'accéder à des connaissances qui pourraient bousculer leur foi chrétienne. Tout ceci est peut-être vrai et juste et ils peuvent se féliciter de réussir le coup en vivant une vie simple, calme et pauvre, parfois au détriment de leur dignité humaine.

Mais si ces tentations sont plus courantes et plus obvies, il y a une qui n'est pas du tout évident et qui fait l'objet de l'évangile du jour : C'est la tentation à la puissance du pouvoir appelée orgueil spirituel en spiritualité.

En effet, cette tentation, est la tentation primordiale pour ne pas dire la vraie tentation et la tentation unique. Cette tentation est primordiale car elle est la tentation du pouvoir sur la nature, sur les forces spirituelles, sur les hommes et le royaume. C'est aussi et surtout la tentation de se servir du spirituel pour sa propre gloire, d'épater les foules et de les tenir dans l'admiration. C'est cela la tentation première, essentielle, que le diable offre au Christ : « sois un messie puissant au lieu d'être un homme faible et fragile... ! Sois la toute-puissance et sers-toi de ton pouvoir pour convaincre, pour être admiré des foules. » Voilà la vraie tentation pour l'Eglise et pour les chrétiens.

Dans l'évangile, Jésus Christ, n'a pas renoncé à son « moi réel » pour se tourner vers l'image idéalisée que le diable lui faisait miroiter. Résister à une tentation de cette nature et accepter la vérité de son être incarné et vulnérable est un signe de vraie grandeur.

Demandons au Seigneur en ce jour de nous donner la force d'accueillir l'être réel que nous sommes. C'est lui l'être étonnant, c'est lui l'être de gloire.

Bon dimanche de la tentation.

Quatrième Jour

« Amen, je vous le dis : chaque fois que vous l'avez fait à l'un de ces plus petits de mes frères, c'est à moi que vous l'avez fait. » (Mt 25, 40).

Le Chrétien et le vrai est celui qui recherche Jésus Christ au quotidien et dans le quotidien de sa vie jusqu'à le retrouver et à vivre avec lui. Car c'est ce « vivre avec lui » qui fait la joie, la paix et le bonheur du Chrétien. Jésus même l'a signifié à plusieurs reprises à travers des versets que nous connaissons tous et que nous manipulons à volonté : « Demeurez en moi, comme moi en vous. De même que le sarment ne peut pas porter de fruit par lui-même s'il ne demeure pas sur la vigne, de même vous non plus, si vous ne demeurez pas en moi. » Jn15, 4 ; « Voici que je me tiens à la porte, et je frappe. Si quelqu'un entend ma voix et ouvre la porte, j'entrerai chez lui ; je prendrai mon repas avec lui, et lui avec moi. » Ap 3, 20. Beaucoup de Saintes et Saints ont exprimé cette même réalité. St Augustin en l'occurrence dit : « Tu nous as fait pour toi Seigneur et notre cœur est sans repos tant qu'il ne demeure en toi ». Toutes ces phrases à divers niveaux, expriment et montrent clairement que notre vie ne peut fleurir que dans le « vivre avec Jésus ».

Mais si cette réalité est claire, l'autre inquiétude est de savoir où peut-on le trouver et comment réaliser ce « vivre avec lui » ? Nous sommes devant deux questions qui se posent et s'imposent réellement. Même si la réponse n'est pas donnée clairement par l'évangile du jour, celui-ci en donne au moins une grille de lecture et il revient à chacun de méditer et d'en tirer le meilleur.

En effet, Jésus dans l'évangile du jour, à travers une métaphore, nous montre qu'il n'est pas loin de l'homme, du moins, il est présent en lui. Il est présent en l'homme et en tout homme qui se reconnait petit et qui l'assume véritablement. Jésus est dans les petits qui sont : les abandonnés, les incompris, les esseulés, les prisonniers, les rejetés, les humiliés, les ridiculisés et tous ceux qui vivent dans leur vie l'échec, l'angoisse, le stress, la maladie, l'âge, la faiblesse, la ruine, le chômage, le désastre social, la guerre, les menaces, les pandémies. Tous ceux qui vivent dans leur vie ces réalités et qui l'assument sont ces petits que Jésus déclare ses frères. Il est donc présent en eux et il veut être reconnu en eux. Tourné son regard vers ces petits et les laisser nous regarder et nous aimer, voilà ce que Jésus attend de nous, et voilà ce qu'il nous recommande. Car non seulement ces petits veulent se sentir aimés, ils veulent aussi aimer et sentir leur amour accueilli.

Chers frères et sœurs, à chacun désormais de savoir manipuler la machine pour donner le don que Jésus attend de lui.

Bonne journée de Carême !

Cinquième Jour

« Lorsque vous priez, ne rabâchez pas comme les païens : ils s'imaginent qu'à force de paroles ils seront exaucés. Ne les imitez donc pas, car votre le Père sait de quoi vous avez besoin » (Mt 6, 7).

Si nous savons que la vie spirituelle est une vie de prière, il n'est pas évident que nous savons vraiment ce que c'est que la prière et comment prier. C'est ce que Jésus veut nous faire comprendre dans l'évangile du jour. Pour Jésus, notre prière a souvent une allure païenne et consiste à aligner les mots les plus justes, les plus bons, les plus beaux et les plus forts pour mieux convaincre Dieu à nous exaucer tout de suite et immédiatement. Or il n'est pas question de convaincre Dieu, il est simplement question de vivre en sa présence. Dans le livre de la Genèse, il demande à Abraham de marcher en sa présence. La prière, loin d'être un mot ou des mots à prononcer, est un comportement à vivre. Prier donc, c'est vivre la présence de Dieu, c'est marcher en sa présence et avec sa présence.

En effet, prier c'est vivre, c'est vivre sa vie avec soi-même en tant que fils ou fille d'un père et avec les autres en tant que fils et filles du même père. Car si nous ne vivons pas notre vie en tant qu'orphelin ou orpheline, nous la vivons au moins en autarcie et dans une sollicitude ou un individualisme sans nom. Prier donc, c'est prendre conscience de son identité de fils ou fille de Dieu. Et prendre conscience de son identité de fils ou fille c'est tout simplement naître de nouveau. Car notre naissance nous a fourni un certain nombre d'énergies, un certain nombre de pouvoirs, que nous avons à prendre en mains, nous avons à les fructifier, nous avons à les transformer, nous avons à les libérer. Aussi nous rentrons pleinement dans la Grâce de Dieu qui nous guérit de nous-mêmes, nous libère de notre « Moi » propriétaire et charnel (qui ne nous fait que penser qu'à nous-mêmes) et nous lance à la conquête du monde pour en faire le Royaume de Dieu : voilà la prière du Notre Père. Elle devient effective à ce niveau.

Que Dieu lui-même nous aide à faire ce saut.

Bonne journée !

Sixième Jour

« Cette génération est une génération mauvaise: elle cherche un signe... » (Lc 11, 29).

La génération dont parle Jésus, même si elle n'est pas la nôtre, elle présente au moins les mêmes caractéristiques que nous. Nous ressemblons beaucoup à cette génération qui en réalité n'est pas une génération d'adorateurs mais une génération de signes. Nos églises et nos lieux de prière font pour la plupart du temps guichet fermé. Mais il y a-t-il de vrais adorateurs ou des gens simplement en quête de signes ou de miracles. Les signes ou les miracles dont nous avons besoin sont nombreux et nous les connaissons bien par cœur. La véritable question de notre vie chrétienne se situe là, à ce niveau : qu'est-ce que l'être Chrétien dans sa réalité et dans son déploiement ?

En effet, il est important pour nous de savoir que le Chrétien est un « Christophore », c'est à dire un porteur du Christ. Dans les bonnes conditions, la théologie du baptême nous enseigne que par le baptême, le néophyte se dépouille de l'homme ancien qui était en lui pour revêtir le Christ. Il est désormais configuré au Christ et devient par là un « alter Christus ». Toute son existence devient donc une existence « christifiée », il est un être christique. Or il n'y a de miracle ou de signe que le passage de la présence de Dieu. C'est dire donc que le vrai miracle est le rayonnement de la présence divine. Alors, le baptême représente donc pour le Chrétien le vrai miracle puisque c'est lui, qui lui confère, la présence de Dieu qu'est le Christ. Et si le miracle est le rayonnement de la présence de Dieu, il revient au Chrétien de faire rayonner cette présence en lui. Car le Christ est en nous en tant qu'Amour et Miséricorde. Accueillir cet Amour et cette Miséricorde, les transformer, les faire fructifier et les libérer (cf. Partage d'hier) dans toutes les dimensions de sa vie, voilà ce qui fait rayonner le Christ en nous, et voilà le Signe, voilà le Miracle. C'est dire donc qu'aucun miracle ne se produira en dehors de nous (sans nous) et au dehors de nous (à l'extérieur de nous). Tout ce qui se produit sans nous et à l'extérieur est tout simplement un fait insolite, qui est offert à la curiosité des hommes pour les calmer psychologiquement, c'est un faux miracle.

Chère sœur, cher frère, si tu veux ton miracle aujourd'hui, ou ton signe, mets-toi en route, sur la route de l'Amour, sur la route de la Miséricorde. D'ailleurs Jésus est ferme là-dessus dans l'évangile : « mais en fait de signe il ne lui sera donné que le signe de Jonas. » Car le Signe de Jonas est celui de l'Amour et de la Miséricorde.

Bonne journée !

Septième Jour

« Donc, tout ce que vous voudriez que les autres fassent pour vous, faites-le pour eux, vous aussi : voilà ce que disent la Loi et les Prophètes. » (Mt7, 12).

Alors qu'il nous a parlé, depuis le début de l'évangile, de nos demandes qui sont toujours exaucées par notre père, qui est bon envers nous, Jésus conclut par un autre sujet : « Donc, tout ce que vous voudriez que les autres fassent pour vous, faites-le pour eux, vous aussi : voilà ce que disent la Loi et les Prophètes. ». A travers cette conclusion, nous pouvons comprendre que le « Je est un autre ». C'est la relation qui met en mouvement tout l'univers. Même si cette conclusion de Jésus est apparemment déconnectée de tout l'évangile, elle entretient pourtant avec lui un lien très étroit. Et c'est d'ailleurs elle, qui nous permettra d'avoir une juste compréhension de nos demandes et de savoir désormais comment les entrevoir. En effet, demander à Dieu ne doit pas être un acte solitaire et individuel. Mais un acte collectif et communautaire. Notre prière de demande n'est vraie et nécessaire que quand elle prend une allure universelle et communautaire. Il n'y a en réalité de prière qu'une prière universelle. Dieu nous exauce et nous donne ses bienfaits et ses grâces pour les autres et pour le monde. C'est pourquoi Saint Jacques nous dit justement dans sa lettre : «si vous demandez et vous n'obtenez pas, alors votre prière est mauvaise ». Notre prière devient mauvaise quand elle est égoïste, quand elle est tournée vers le « moi » personnel, quand elle est faite pour ne satisfaire que le « moi » personnel. Car, Dieu ne veut rien nous donner pour nous-mêmes mais il veut tout nous donner pour les autres. Et c'est en remettant aux autres ce que nous avons demandé et reçu pour eux que notre vie trouve véritablement son sens, c'est en faisant ainsi que nous sommes comblés nous aussi et même sauvés. C'est pourquoi l'auteur de l'hymne a chanté ainsi : « ouvre mes mains Seigneur, Qui se ferme pour tout garder. Le pauvre a faim devant ma maison apprends-moi à partager ». Il est impossible de rencontrer

Jésus et de recevoir sa grâce sans être ouvert à tous, sans faire aux autres ce que nous voudrions pour nous, sans que notre «Je» soit l'autre. Car c'est dans la communauté que nous serons « christifiés », que nous deviendrons Christ, que nous participerons à l'incarnation et à la mission du Christ.

Que Dieu lui-même nous y aide.

Huitième Jour

« Je vous le dis : Si votre justice ne surpasse pas celle des scribes et des pharisiens, vous n'entrerez pas dans le royaume des Cieux. » Mt 5, 20.

La justice des scribes et des pharisiens est une justice légaliste, une justice basée et rivée sur la loi de Moïse. C'est une justice qui consiste à faire juste ce que la loi a dit. Dans une telle justice l'Amour n'est pas toujours au Rendez-vous. Jésus Nous invite aujourd'hui à dépasser une telle justice et à se positionner dans la justice offerte par lui.

En effet, contrairement à celle des scribes et des pharisiens, la justice de Jésus est une justice basée sur la grâce Et la vérité. Jean nous renseigne si bien dans le prologue de son évangile : « car la Loi fut donnée par Moïse, la grâce et la vérité sont venues par Jésus Christ. » Jn1, 17. Alors que la justice des pharisiens est la loi, celle de Jésus est la grâce et c'est la vérité. Or toute grâce est une mission, une mission de salut qui implique nécessairement l'Amour et la Miséricorde. La justice de Jésus est donc l'Amour et la Miséricorde. Et c'est pourquoi elle exige une réconciliation urgente avec la sœur ou le frère, une réconciliation nécessaire et indispensable avant toute présentation d'offrande à l'autel : « Donc, lorsque tu vas présenter ton offrande à l'autel, si, là, tu te souviens que ton frère a quelque chose contre toi, laisse ton offrande, là, devant l'autel, va d'abord te réconcilier avec ton frère, et ensuite viens présenter ton offrande » (Mt 5, 20-26). Car, si l'offrande glorifie Dieu, la réconciliation avec la sœur ou le frère (œuvre d'Amour et de Miséricorde), elle, dit Dieu et le confesse. C'est pourquoi il est impératif de se réconcilier d'abord avant de présenter son offrande. Autrement dit, il est important et nécessaire de dire Dieu, de le confesser avant de le glorifier.

Gardons-nous dans notre cheminement spirituel, à faire des offrandes ou à présenter des offrandes à un Dieu que nous ne confessons pas, à un Dieu qui n'existe pas en réalité pour nous. Car il n'existe vraiment pour nous que quand nous le confessons. Et le confesser c'est se réconcilier avec la sœur ou le frère. Le chemin n'est pas facile mais il mérite d'être emprunté.

Bonne journée !

Neuvième Jour

« Vous donc, vous serez parfaits comme votre Père céleste est parfait. » Mt 5, 48.

L'évangile du jour nous invite à une perfection à l'instar de celle de notre Père Céleste. La question primordiale est de savoir comment notre Père est parfait ?

En effet, notre Père Céleste est parfait « car il fait lever son soleil sur les méchants et sur les bons, il fait tomber la pluie sur les justes et sur les injustes » (Mt 5, 43-48). Ainsi, la perfection de notre Père consiste à ne pas faire de distinction entre les hommes quand il s'agit de manifester son Amour. Son Amour est tellement grand et important qu'il ne fait pas de différence entre les hommes. Et c'est cet Amour du Père en nous, qui fait de nous ses filles et fils. Pas de doute ou de scrupule à se faire à ce niveau : nous avons l'Amour de Dieu en nous quoi qu'en soit ce que nous sommes et ce que nous faisons. C'est ça l'extraordinaire de notre baptême, c'est ça l'extraordinaire en nous. Cela ne fait pas forcément de nous des êtres extraordinaires, mais des êtres ordinaires, possédant en eux l'extraordinaire, l'extraordinaire de Dieu qui est son Amour. C'est pourquoi, Il nous demande de poser des actes extraordinaires. Car nous en avons la grâce, nous en avons la possibilité, nous avons en nous l'extraordinaire. Ainsi, être parfait comme notre Père Céleste, c'est Aimer ses ennemis, et prier pour ceux qui nous persécutent, comme Jésus nous l'indique dans l'évangile du jour : Voilà l'extraordinaire et voilà ce qui fait de nous ses filles et ses fils.

Et puisque nous en avons déjà la grâce et la possibilité, qui est son Amour déposé en nous depuis le commencement, demandons maintenant la force et le courage d'y arriver.

Bon week-end !

Deuxième Dimanche de Carême

« Seigneur, il est bon que nous soyons ici ! Si tu le veux, je vais dresser ici trois tentes, une pour toi, une pour Moïse, et une pour Élie. » Mt 17, 4.

Devant l'étrange scène de la Transfiguration de Jésus, Pierre émerveillé n'a trouvé une parole plus forte que celle-là. Son émerveillement était si fort qu'il ne pouvait ni se contenir, ni contenir cette parole venue au bout de ses lèvres. En effet, un homme qui admire, un homme qui s'émerveille, est un homme qui ne se heurte plus à des choses matérielles, pour qui le monde n'est pas simplement un objet qu'on utilise, mais une présence inexprimable. C'est pourquoi Pierre n'hésitera pas à s'oublier lui-même, ainsi que ses pairs. Il propose ces tentes uniquement aux présences inexprimables. Pierre, pêcheur, avait-il aussi un génie de constructeur de tentes ? En réalité, le génie commence par l'admiration, par l'émerveillement. C'est dire que toute création, toute grande découverte prend sa source dans l'émerveillement. Il est la religion de l'artiste, du poète, du musicien, c'est la religion de l'amoureux quand son amour est vrai et d'une haute qualité, c'est la religion de Pierre dans laquelle il nous invite aujourd'hui. Pierre nous invite aujourd'hui à nous émerveiller devant la beauté de la création, devant la grandeur de L'Amour de Dieu pour nous ; Il nous invite à nous émerveiller devant la vérité de sa Parole, devant l'être étonnant et sacré que nous sommes, devant notre propre beauté et surtout devant notre histoire qui est une histoire du salut (peu importe l'histoire). C'est au cœur de cet émerveillement que se situe notre salut, c'est là notre transfiguration.

Bon dimanche de la Transfiguration !!!

Dixième Jour

« Car la mesure dont vous vous servez pour les autres servira de mesure aussi pour vous. » Lc 6, 38.

Si pour le philosophe, l'enfer c'est l'autre, pour Jésus par contre, le paradis c'est l'autre. Du moins c'est ce que nous pouvons comprendre de l'évangile du jour. En effet, Jésus tourne carrément notre regard du « moi » et le retourne vers « l'autre ». Désormais « l'autre » devient la route qui nous mène vers le bonheur, vers la joie, vers la paix et même vers Dieu. Cet exercice auquel Jésus nous soumet est compliqué et périlleux. Mais si nous savons que sa Parole est vérité et vie, il nous revient tout simplement de chercher à savoir comment y arriver pour ne pas paraître rebelle devant sa Parole. Car la rébellion, c'est de l'idolâtrie. Ainsi, en tant que Chemin, Jésus Nous propose sa propre spiritualité qui est celle du changement de regard. En venant dans le monde, Jésus a changé de regard sur l'homme, sur tout homme et sur tout l'homme. Il le regarde soit comme un malade, qui a besoin de médecin ; soit comme un misérable, qui a besoin de miséricorde ou carrément comme un ignorant qui ne sait pas ce qu'il fait. Voilà le regard de Jésus sur l'homme. Avec un tel regard, il ouvre encore un chemin de dialogue avec lui, un chemin de vie avec lui. Ce n'est qu'au cœur de cette spiritualité que la vie avec l'autre et tous les autres est possible.

Changeons donc de regard sur l'autre afin de devenir pour lui Médecin, miséricorde ou Jésus lui-même. Alors, non seulement nous participerons à la mission de Jésus, mais nous serons Jésus lui-même. Car tous ceux qui croient en lui feront les mêmes œuvres que lui, ils en feront même de plus grandes.

Bonne journée.

Onzième Jour

« Qui s'élèvera sera abaissé, qui s'abaissera sera élevé. » Mt 23, 12.

Voilà le principe cher à toute spiritualité chrétienne : le principe de l'abaissement.

En effet, si la grandeur dans l'Ancien Testament est la hauteur, la puissance, dans le Nouveau Testament, c'est la profondeur : « Le plus grand parmi vous sera votre serviteur. » dit Jésus. Dans le Nouveau Testament, la grandeur c'est la générosité, le plus grand C'est celui qui se communique le plus, celui qui se communique infiniment. Ici, la grandeur se construit en profondeur, en humilité, en charité, en dépouillement, en pauvreté, en don de soi. Ce principe est cher à toute spiritualité chrétienne parce qu'elle en constitue le fondement, la source et la fondation. Toute spiritualité qui ne commence pas par cet abaissement est vouée à l'échec. C'est ce que Jésus lui-même insinue par la porte étroite et il invitait tous ses disciples à passer par cette porte. Car c'est la vraie porte, c'est la porte primordiale, c'est la porte principale, c'est la porte d'entrée. Et pour nous montrer cela, Il a été le premier à passer par cette porte, pour l'inaugurer et devenir pour nous le Chemin. Saint Paul dans sa lettre aux Philippiens nous le rapporte en ces termes : « Le Christ Jésus,

- Ayant la condition de Dieu, ne retint pas jalousement le rang qui l'égalait à Dieu.

- Mais il s'est anéanti, prenant la condition de serviteur, devenant semblable aux hommes. Reconnu homme à son aspect.

- Il s’est abaissé, devenant obéissant jusqu’à la mort, et la mort de la croix.

- C’est pourquoi Dieu l’a exalté. » (Ph2, 5b- 9).

Ainsi, le Christ a été exalté non pas parce qu'il est Fils de Dieu ou Dieu, mais parce qu’il a accepté de prendre par la porte étroite, la porte de l'abaissement, qui est le point de départ. Et c'est à cette porte qu'il nous attend pour nous accueillir et nous introduire dans sa spiritualité. Nous sommes donc invités à venir ou à revenir à cette porte pour nous faire accueillir par le Christ lui-même. Alors notre cheminement chrétien trouvera tout son sens et notre spiritualité deviendra la vraie, l'authentique.

Bonne journée !

Douzième Jour

« Ainsi, le Fils de l'homme n'est pas venu pour être servi, mais pour servir, et donner sa vie en rançon pour la multitude. » Mt 20, 28.

Se retrouver dans le rôle de serviteur comme le Christ, n'est-ce pas ce que Dieu attend de nous ? Voilà une parole forte qui nous appelle et qui nous interpelle en ce jour : sommes-nous vraiment dans cette logique de service ?

En effet, si Dieu exauce nos prières, s'il veut tout nous donner, c'est d'abord et avant tout pour le service. Et c'est en restant dans cette logique que toutes nos prières prennent leur sens et trouvent leur justification. Qu'est-ce-que tu demandes à Dieu, si ce n'est pour servir ou pour mieux servir le monde qui souffre et qui attend une révélation des fils et filles de Dieu. Une telle révélation ne peut être vraie que pour le délivrer de cette souffrance, non pas d'abord par des paroles, mais par des actes concrets. C'est vrai qu'en regardant la souffrance du monde, apeuré et ahuri, on peut se demander : que puis-je faire devant cette immensité ? La veuve de l'évangile (l'obole de la veuve) ou le colibri (métaphore du colibri) te répond : « Fais ta part ». Voilà le principe de tout service et le principe de toute charité vraie. Servir, c'est faire sa part ; la charité, la générosité consiste à faire sa part. C'est ce à quoi Jésus nous appelle et c'est sur ça qu'il nous interpelle et nous interpellera. Jésus n'a certainement pas tout fait, mais il a fait sa part : voilà une parole sûre et incontestable. Comme lui, nous sommes appelés chacun à faire sa part. C'est ainsi que nous allons révéler le Christ au monde, c'est ça s'asseoir à la droite ou à la gauche de Jésus.

Bonne journée !

Treizième Jour

« S'ils n'écoutent pas Moïse ni les Prophètes, quelqu'un pourra bien ressusciter d'entre les morts : ils ne seront pas convaincus. » Lc 16, 31.

Il nous arrive très souvent de penser un peu comme ce riche. Il nous arrive d'attendre que quelqu'un vienne d'ailleurs pour nous convaincre de la réalité de ce que nous devons vivre. Il nous arrive d'être en attente de l'extraordinaire ou de voir quelque chose d'extraordinaire pour mieux suivre le Seigneur. Et pourtant, tout est déjà là auprès de nous et en nous. Notre Moïse (pour nous faire sortir de notre esclavage) et notre prophète (pour nous instruire et nous enseigner), sont déjà là en nous et auprès de nous. C'est une réalité à accueillir et à vivre. Ainsi, l'étape suivante, serait juste de les détecter et marcher avec eux vers la terre promise qui est notre paix, notre joie, notre bonheur, notre salut. Mais notre expérience spirituelle ou la façon dont nous vivons notre vie spirituelle, montre que cette réalité est cachée à nos yeux. Ainsi, nous passons toute notre vie à passer de spiritualité en spiritualité, de dévotion en dévotion, de prêtre en prêtre, de pasteur en pasteur etc....à la recherche d'un bonheur qui ne vient jamais. Alors on se résigne finalement à l'avoir ailleurs qu'ici, c'est-à-dire dans l'au-delà. Certes, il existe le bonheur dans l'au-delà. Mais il commence déjà ici. Car « le Royaume est parmi vous » a dit Jésus et mieux, « certains ne mourront pas avant de voir le Royaume des cieux ».

Alors, il est question, pour un bonheur certain, de revisiter notre spiritualité qui n'est certainement pas mauvaise mais mal positionnée ou mal vécue. Car le chiffre zéro (0) n'est pas mauvais, il suffit juste de bien le positionner pour faire ressortir sa valeur.

Bonne journée !

Quatorzième Jour

« Aussi, je vous le dis : Le royaume de Dieu vous sera enlevé pour être donné à une nation qui lui fera produire ses fruits. » Mt 21, 43.

De cette phrase de Jésus, nous pouvons retenir 2 choses essentielles :

1- Le Royaume de Dieu est en nous mais il peut nous être enlevé,

2- Le Royaume de Dieu a des fruits à produire mais c'est à nous de lui faire produire ses fruits.

Nous nous retrouvons ainsi devant un virage à négocier avec une multiplicité de questions que nous pouvons aussi résumer en deux :

1- comment sauvegarder le Royaume de Dieu en nous pour qu'il ne nous soit pas enlevé ?

2- comment lui fait produire ses fruits réels ?

La réponse à ces questions dépend de chacun. Elle dépend de l'histoire de chacun et surtout de l'histoire de notre rencontre avec le Christ. Car tout nous est dit et donné lors de cette rencontre. C'est elle qui motive notre engagement à suivre le Christ, à nous sacrifier pour lui eu égard à ce qu'il attend de nous. Alors la question fondamentale revient à : qu'est-ce que le Christ attend de moi ? La réponse juste à cette question, tirée de notre rencontre avec lui est la solution à tous les maux dont nous souffrons. Mieux, elle est la réponse à toutes nos prières. Comme le paralysé de Bethsatha, nous sommes donc invités à prendre notre grabat et à marcher. Ce grabat, c'est notre histoire, c'est l'histoire de notre rencontre avec lui, c'est notre histoire de salut.

Bonne journée !

Quinzième Jour

« Toi, mon enfant, tu es toujours avec moi, et tout ce qui est à moi est à toi » Lc 15, 31.

Voilà une parole sûre dite avec beaucoup de simplicité et qui doit nous rassurer : « Toi, mon enfant, tu es toujours avec moi, et tout ce qui est à moi est à toi. ». Dieu nous rappelle notre vocation première en même temps qu'il nous rappelle ce qui nous revient. En langage plus simple, il nous rappelle aussi bien notre devoir que notre droit. En effet, notre seul devoir vis à vis de Dieu c'est d'être toujours avec lui quoi qu'en soit ce qui arrive et quel qu'il soit notre état. Voilà le choix que nous devons opérer entre 1000 ou 10.000, celui de rester toujours avec lui. Ce que nous devons constater dans cette parabole, est qu'il n'a jamais été question de péché du grand frère, quoiqu'il ne demeure pas sans péché. D'ailleurs il vient juste d'en commettre un de très grand : se soustraire à la fête des retrouvailles, la fête de la fraternité. L'essentiel pour lui c'est d'être avec le Père. Ainsi, le péché du cadet est le fait d'être parti, de s'exiler et non celui de prendre sa part de bien, encore moins celui de le dilapider. Son seul et unique péché, c'est d'être parti. Et le Seul mérite de l'aîné, c'est d'être resté toujours avec le Père. Car c'est cela son devoir.

Chères sœurs et chers frères, ce que nous faisons importe peu, ce que nous sommes importe peu, l'essentiel c'est d'être toujours là avec notre Père et de le rassurer de notre présence, pas temporaire, ni virtuelle, mais une présence vraie, réelle et qui dure tout le temps. C'est tout ce qu'il attend de nous. Car cette présence vraie et réelle nous fait participer à toutes les fêtes, à tous les biens et bienfaits et à toute la gloire du Père. Ainsi, tout ce qui est à lui devient nôtre : c'est notre droit le plus inaliénable.

N'empêchons donc personne d'être là ; n'écartons personne, et ne nous écartons pas nous-mêmes sous aucun prétexte. Notre devoir à nous tous est d'être avec lui pour toujours et de faire nôtre tous ses biens pour toujours. Voilà la signification réelle du « Notre Père » et voilà ce que nous devons annoncer et vivre.

Bonne journée !

Troisième Dimanche de Carême

Arrive une femme de Samarie, qui venait puiser de l'eau. Jésus lui dit : « Donne-moi à boire. » Jn 5, 5-42.

Voici un fait insolite et pourtant rempli de sens et de signification. Jésus, la source d'eau vive, qui n'hésitera pas à le révéler à cette femme, demande à boire. Au cœur de cette scène, nous pouvons faire un excursus pour nous rappeler de sa demande sur la croix : "J'ai soif". Cette parole de Jésus, plus qu'une demande est une interpellation dont le but est d'amener la femme à rentrer dans une démarche, non seulement de la découverte de soi, mais aussi et surtout de la découverte du trésor en soi. Comme tout désert cache en son sein, une cour d'eau, ainsi toute vie humaine détient en elle un trésor caché, un Mystère. C'est ce trésor, ce mystère caché dans la vie de cette femme que Jésus est venu lui révéler. C'est d'ailleurs le but de toute rencontre vraie avec le Christ : la découverte de soi pour mieux connaître la divinité. Car sans une vraie découverte de soi, aucune découverte de Dieu n'est possible. Avec cette femme, Jésus va réussir son coup. Elle s'est découverte, elle a découvert l'être étonnant qu'elle est, la merveille qu'elle représente et la mission qui est la sienne : Amener les samaritains à connaître Jésus et à croire en Lui en tant qu'il est le Messie attendu. Comme cette femme, nous sommes appelés à nous laisser rencontrer par Jésus, qui nous attend déjà à un lieu que nous connaissons bien et que nous fréquentons plus souvent. Il nous attend là pour nous faire une demande banale qui nous fera entrer dans une démarche personnelle avec lui. Ne manquons pas ce Rendez-vous qu'il nous donne ; ne la banalisons pas non plus. Car c'est un Rendez-vous de découverte : découverte de soi et découverte de Jésus, notre Seigneur et notre Dieu.

Bonne dimanche !

Seizième Jour

« Amen, je vous le dis : aucun prophète ne trouve un accueil favorable dans son pays » Lc 4, 24.

Le baptême fait de nous prophète, un envoyé de Dieu pour porter sa parole. Dans l'ancienne alliance, le prophète est choisi par Dieu lui-même parmi le peuple pour porter et proclamer sa Parole. La vie n'a jamais été ni facile ni commode pour ces prophètes dans l'exercice de leur mission. S'ils ne sont pas lynchés par les uns, ils sont tout au moins rejetés par les autres. C'est toujours sur fond de controverses qu'ils exercent leur ministère, qui pourtant est important et noble. Jésus, en tant que prophète, n'a pas reçu un traitement différent de celui de ses prédécesseurs. L'évangile d'aujourd'hui en est une belle illustration. Il a été bafoué, rejeté, torturé et tué. C'est le sort du prophète, le bon et le vrai. Et nous, en tant que prophète, par notre baptême, nous ne devrions pas nous attendre à un miracle dans ce domaine. En tous cas, Jésus nous aura averti : « Aucun prophète ne trouve un accueil favorable dans son pays ». Il est vrai que des gens autour de nous, se proclamant eux-mêmes prophètes, vivent une réalité contraire à celle que décrit Jésus dans l'évangile. Ce sont des prophètes modernes qui vivent dans un luxe insolent, mieux que le peuple auprès de qui ils exercent leur ministère. Ces prophètes ne sont pas ceux dont parle Jésus ; ils ne sont ni de l'ancienne alliance, ni de la nouvelle. Car dans l'ancienne alliance, le prophète est choisi dans le peuple et a au moins un même niveau de vie que le peuple et vit comme le peuple. Car il est un présage pour le peuple. Rappelons-nous Osée, choisi par Dieu pour s'unir à Gomer, la femme prostituée, pour montrer au peuple sa prostitution spirituelle avec d'autres dieux (Osée chap. 1 ; 2 ; et 3). Voilà, le prophète ; celui qui dit la parole de Dieu pour rétablir l'ordre établi par Dieu. Et dans un monde où le désordre règne et prédomine, voulons-nous être accueillis comme un roi ? Un président ou un messie ? L'heure est venue de nous désillusionner et d'aller en mission sans craindre les représailles. Une seule attitude est digne de nous et Jésus nous la révèle dans l'évangile : « Mais lui, passant au milieu d'eux, allait son chemin. » (Lc 4, 30). Car, le prophète n'est pas là pour convaincre, ni pour obliger à. Il dit la parole et il disparaît sans être téméraire. Un tel prophète est digne de foi et notre monde en a encore besoin. Soyons le dans nos entreprises, nos écoles, nos universités, nos lieux de travail etc....pour un monde de plus en plus meilleur. Soyons le encore plus en ce temps de panique, pour aider les gens à vivre les yeux tournés vers le Christ, tout en respectant les règles préliminaires et importantes. Soyons-le en parlant de la vérité de Dieu, le Dieu de Jésus Christ, qui est un Dieu présent dans toute la création et que l'on peut adorer partout et en toute la création, pas seulement dans une église, au milieu de 1000 personnes.

N'ayons pas peur et adorons le en esprit et en vérité.

Bonne journée !

Dix-septième Jour

« Serviteur mauvais ! je t'avais remis toute cette dette parce que tu m'avais supplié. Ne devais-tu pas, à ton tour, avoir pitié de ton compagnon, comme moi-même j'avais eu pitié de toi ?» Mt 18, 32.

Prenons-en ce jour la résolution de ne pas être ce serviteur mauvais et demandons-en au Seigneur, la force et le courage. Car c'est une misère de se présenter ainsi devant le Seigneur. En effet, le serviteur mauvais dont parle le Seigneur est celui qui après avoir reçu tous les dons et bienfaits de Dieu, refuse de les libérer pour en faire profiter d'autres. Or tout était clair au départ : nous sommes les gérants des dons et bienfaits de Dieu. Cette maladie spirituelle, est celle qui guette tous ceux qui prient Dieu, et qui le prient en vérité. Car Dieu exauce toujours les prières et les demandes de ceux qui le prient en vérité. Il le fait, non seulement pour lui-même, mais aussi et surtout pour les autres. Ce qui fait de lui, une providence de Dieu pour lui, un exaucement de Dieu pour les autres, un représentant et un ambassadeur de Dieu pour les autres. Autrement, nous procédons à un gaspillage pur et simple des dons et bienfaits de Dieu, qui débordent dans nos vies : voilà ce qui fait de nous un serviteur mauvais.

Les dons et bienfaits de Dieu sont appelés à circuler. Et c'est à nous qu'il revient de les faire circuler sous peine de se représenter devant le Seigneur comme de mauvais serviteurs.

Dans notre vie, nous avons déjà certainement ou sûrement bouché la vanne quelque part. Le Seigneur nous interpelle aujourd'hui et nous appelle à la déboucher pour rétablir le circuit normal des choses. C'est là qu'il nous attend et c'est ça aussi le but du carême.

Bonne journée !

Dix-huitième Jour

Jésus disait à ses disciples : « Ne pensez pas que je sois venu abolir la Loi ou les Prophètes :je ne suis pas venu abolir, mais accomplir. » Mt 5, 17.

Jésus n'est pas une nouveauté, mais un accomplissement. C'est ce que nous pouvons retenir de ce verset tiré de l'évangile du jour. Une herméneutique de cette parole nous montre que, Jésus est la clé de lecture de toute la parole de Dieu, qu'il est d'ailleurs lui-même. Toute la parole de Dieu depuis le livre de la Genèse doit trouver son sens profond, sa signification et son explication en Jésus Christ, Fils de Dieu et Parole Éternelle du Père. En effet, si la vie spirituelle n'est pas une rupture avec l'Ancien Testament, elle n'en est pas non plus un plagiat ou une copie conforme. C'est le risque qui guette tout prédicateur et qui est déjà très visible aujourd'hui dans nos circuits spirituels. Si les uns ne s'accrochent pas à un ou plusieurs versets de l'Ancien Testament, oubliant que Jésus est venu les accomplir, les autres s'attachent uniquement à l'enseignement de Jésus, oubliant qu'il est l'accomplissement d'une promesse faite avant. Ainsi, ils fabriquent des chrétiens soit vetero testamentaire, choyant et caressant une promesse qui ne sera jamais accomplie dans leur vie ; soit néo testamentaire, se nourrissant d'un accomplissement sans promesse, faisant carrément une rupture d'avec la promesse. Or Jésus est venu réaliser ou accomplir une promesse déjà faite à nos pères. C'est ça le déséquilibre que vivent de nombreux chrétiens qui s'affrontent et qui souffrent encore sous les douleurs de l'enchantement.

Jésus Nous invite aujourd'hui à un enfantement et un enfantement heureux. Il nous invite à équilibrer la Parole de Dieu et surtout à nous équilibrer au rythme de la Parole de Dieu, qui n'est pas là pour nous faire sombrer mais pour nous accompagner et élever. Car il est le même, le Dieu qui a dit d'abord, ne faites aucune représentation ; ensuite qui dit, faites un serpent d'airain et hissez-le sur un marre ; et qui dit enfin, ils lèveront les yeux vers celui qu'ils ont transpercé (et il est vraiment transpercé sur une croix). Il n'est pas différent, il ne se contredit pas non plus, mais il accompagne l'homme et se révèle à lui peu à peu pour le rendre mature et digne de lui. C'est à l'homme lui-même, après avoir lu toute la Bible et l'avoir traversée de part en part, de comprendre cette réalité et l'intégrer à son système de pensée et de vie. Et c'est d'ailleurs ce que Dieu veut de nous et c'est ce que Jésus est venu nous révéler. A nous de rentrer dans cette perspective et de marcher dans la foi, les yeux résolument tournés vers Jésus Christ.

Bonne journée !

Dix-neuvième Jour

« Quand Joseph se réveilla, il fit ce que l'ange du Seigneur lui avait prescrit. » Mt 1, 24).

Notre identité chrétienne ne sera véritablement confirmée qu'à ce prix : faire ce que Dieu veut de nous. C'est d'ailleurs ce qui a fait de Joseph, non seulement un homme juste, mais aussi et surtout, père de Jésus. C'est dire que nous avons en nous une justice et une paternité de Jésus à manifester. Elle est latente en nous et ne se manifestera réellement que lorsque nous serons prêts et décidés à faire ce qu'il veut de nous. Nous sommes souvent prêts à veiller la nuit pour prier jusqu'au matin, nous sommes prêts à jeûner toute une journée, nous sommes prêts à prier avec le Pape à n'importe quelle heure de la journée, nous sommes prêts à militer dans beaucoup de groupes et associations, nous sommes prêts à faire des répétitions des heures durant dans une chorale pour glorifier Dieu, nous sommes prêts à donner notre fortune... Mais nous ne sommes pas souvent prêts à faire ce qu'il veut de nous surtout si ça bouscule notre pré carré ou notre jardin secret. Or c'est ce pourquoi il fallait être d'abord prêt. Car nous n'avons de pré carré ou de jardin secret que Dieu lui-même. C'est lui notre vie, c'est lui notre pré carré ou notre jardin secret. Joseph l'a compris parfaitement et s'est abandonné entièrement à Dieu pour manifester la paternité de Jésus.

En ce temps de carême et mieux en ce temps de bouleversement de tout l'ordre social, revenons à Dieu pour faire de toute notre vie son pré carré ou son jardin secret. Car rien d'autre ne peut nous sauver que lui. Puissions-nous comprendre cela en ce temps de pandémie : ni notre argent, ni notre enfant, ni notre épouse, ni notre époux, ni notre famille. Rien ne nous sauvera sinon Dieu et Dieu seul. C'est mon bilan à mi parcourt.

Bonne fête de la solennité de Saint Joseph.

Vingtième Jour

« Jésus, voyant qu'il avait fait une remarque judicieuse, lui dit : « Tu n'es pas loin du royaume de Dieu. ». Et personne n'osait plus l'interroger. » Mc 12, 34.

Voilà la réponse que Jésus pourrait servir à chacun de nous un jour si nous ne prenons pas dès maintenant notre disposition pour renverser la vapeur.

En effet, ce qui manque à notre vie chrétienne n'est pas la méconnaissance de la parole de Dieu. Si hier, le peuple de Dieu avait péri faute de connaissance, faute de sa Parole ; aujourd'hui nous, nous périssons parce qu'envahis par la parole de Dieu. Et je me demande si nous ne sommes pas atteints par la boulimie spirituelle qui nous triture et qui nous empêche finalement d'avancer. Oui, nous sommes envahis par la Parole de Dieu, qui circule dans nos sociétés et dans nos vies sans retenue; des versets bibliques sur des panneaux géants nous agressent dans tous les coins et recoins de nos rues, des versets bibliques foisonnent sur nos réseaux sociaux, des prédicateurs en direct tous les jours sur les réseaux sociaux nous sont proposés, sur des supports nous avons des doses de prédications que nous devons prendre avec des posologies bien claires: nous avons celles du matin au réveil pour se confier au Seigneur, celles de midi pour chasser les démons de midi, celles du soir pour apaiser son atmosphère et son environnement et celles de la nuit pour prévenir les sorciers, les maris et femmes de nuit et les empêcher de rentrer dans notre environnement. Mais des questions qui se posent et demeurent sont celles-ci :

- Est-ce pour autant que nos vies sont devenues meilleures ?
- Est-ce pour autant que nos comportements ont changé ?
- Est-ce pour autant que les démons sont maîtrisés pour toujours ?
- Est-ce pour autant que nous sommes devenus bénis comme Abraham ?

- Est-ce pour autant que nous sommes devenus justes comme Joseph ? Etc... Autant de questions dont les réponses nous laissent sans voix. La preuve est la peur incessante qui nous pousse à courir dans tous les sens et à faire même beaucoup de sacrifices non nécessaires. Tout ça nous rapproche certainement du Royaume. Mais Jésus n'a jamais dit d'être proche du Royaume, il a dit d'y entrer. C'est ça le but qui nous est fixé. Or, on ne peut pas atteindre ce but en se laissant seulement envahir par la parole de Dieu ; il faut la mettre en pratique. Abraham est béni et il est devenu bénédiction parce qu'il a mis en pratique la parole de Dieu, Joseph est devenu juste parce qu'il a mis en pratique la parole de Dieu, Marie que nous aimons tant vénérée, est devenue mère de Jésus et aussi la nôtre grâce à l'écoute et la mise en pratique de la Parole de Dieu, les saints que nous invoquons le sont devenus pour la même raison. Mais aujourd'hui, tout porte à croire, aussi bien pour les prédicateurs que pour le peuple, que l'essentiel est d'annoncer la parole. Ainsi les prédicateurs éjectent la parole dans tout l'univers des fidèles et les fidèles les consomment à long trait et sans modération et même sans digestion. Aucun aliment non digéré n'est assimilé et ne peut en aucun cas nourrir l'organisme et le développer. Notre boulimie spirituelle, au lieu de nous rendre service, nous détruit et nous empêche d'atteindre le but final et d'avoir la couronne.

Conséquence : notre monde gémit et développe toutes les formes de guerres et de catastrophes malgré que le sacré nous ait envahi.

A chacun de réfléchir à son niveau pour renverser la vapeur. Il n'est donc ni urgent ni nécessaire de connaître toute la Bible ou toute la parole de Dieu. Il est seulement important de savoir ce qui est juste et le réaliser chaque jour dans sa vie :

- Écoute, Israël : le Seigneur notre Dieu est l'unique Seigneur.
- Tu aimeras le Seigneur ton Dieu

- De tout ton cœur, de toute ton âme,
- De tout ton esprit et de toute ta force.
- Et voici le second :
- Tu aimeras ton prochain comme toi-même.

Voilà tout ce qu'il faut savoir et tout le sacrifice à faire au jour le jour. Car, dit Jésus lui-même : Il n'y a pas de commandement plus grand que ceux-là.

Vingt-et-unième Jour

« Le publicain, lui, se tenait à distance et n'osait même pas lever les yeux vers le ciel ; mais il se frappait la poitrine, en disant : "Mon Dieu, montre-toi favorable au pécheur que je suis !" » Lc 18, 13.

Quelle est l'allure que nous prenons en allant vers le Seigneur, celle du pharisien ou publicain ? Quelle est notre idée en pensant au monde, celle de fierté ou de désolation ? Quelle est notre état en pensant à la pandémie de coronavirus, celui de suffisance ou d'humilité ?

Il est souvent trop facile d'être soit pharisien, soit fier de soi-même ou suffisant de ce que l'on est. Mais la réalité pourrait se révéler tout autre. Seule une démarche du publicain, une démarche d'humilité nous permettra d'atteindre cette réalité. En regardant ou en entendant parler du manque d'engouement à la chose religieuse chez les autres, qui est peut-être contraire à ce que nous vivons chez nous, ne nous arrive-t-il pas de juger trop vite de leur manque de foi en Dieu ? En voyant le nombre de cas, toujours grandissant de coronavirus chez les autres, contrairement à ce que nous observons chez nous aujourd'hui, ne nous arrive-t-il pas de juger trop vite que nous sommes la race pure ou la bonne race résistante ? Ne nous arrive-t-il pas de penser qu'ils ont trop péché contre Dieu et qu'ils sont en train d'être punis ? Ne nous arrive-t-il pas d'élaborer toute sorte de théories montrant que nous sommes la race choisie ? Quand les choses ne tournent pas toujours rond chez l'autre, alors que chez nous c'est la vache grasse, ne nous arrive-t-il pas de rendre grâce à Dieu de ne pas être dans la même situation que l'autre ? Quand c'est déjà le divorce ou le manque d'enfants chez l'autre, alors que chez nous c'est le temps de l'amour idyllique ou de la fécondité à outrance, ne nous arrive-t-il pas de rendre grâce à Dieu au point de doigter l'autre ou de le mépriser ? La liste pourrait être longue et même très longue. Autant de comportements, d'attitudes ou de pensées qui montrent que nous sommes loin de la réalité. Une seule chose à savoir : la roue tourne et cela peut-être notre tour demain. C'est une sagesse à intégrer et à intérioriser et qui changerait à coup sûr notre façon de voir, de juger et d'agir. Dans tous les cas, Dieu nous parle par la nature, par les événements et par les hommes. A chacun d'ouvrir son cœur et son intelligence pour chercher à savoir par quels moyens Dieu lui parle maintenant et tout de suite. Le conseil du psalmiste est suggestif pour nous : « Aujourd'hui ne fermez pas vos cœurs, mais écoutez la voie du Seigneur. » (Cf. Ps 94, 7.8)

Bonne journée !

Quatrième Dimanche de Carême

« Ses disciples l'interrogèrent : « Rabbi, qui a péché, lui ou ses parents, pour qu'il soit né aveugle ? » Jn 9, 2.

Jésus répondit : « Ni lui, ni ses parents n'ont péché. Mais c'était pour que les œuvres de Dieu se manifestent en lui. » Jn 9, 3.

La question des disciples est celle que nous nous posons en temps de difficultés ou de souffrances. Dans notre entendement, telles souffrances ou telles difficultés nous a visités parce que nous avons péché. Notre prochain souffre ceci ou cela parce qu'il a fait ce qui est mal aux yeux de Dieu. Et ces réflexions nous paralysent et nous enlisent. Jésus a-t-il souffert parce qu'il a péché ? Non, au contraire, il était sans péché. Et d'ailleurs c'est lui qui nous répond aujourd'hui pour mettre fin à cette façon de réfléchir. Il répond pour changer notre regard vis à vis de la souffrance ; il répond pour changer le paradigme. Sa réponse est claire et manifeste sur la question : « Ni lui, ni ses parents n'ont péché. Mais c'était pour que les œuvres de Dieu se manifestent en lui ».

En effet, toute notre vie doit manifester Dieu. Mieux toute notre vie doit manifester les États du Christ. Et c'est là l'action de grâce véritable. Nous rendons grâce parce que notre vie témoigne du Christ, elle témoigne de sa présence en nous et de sa présence dans le monde. C'est ça les œuvres de Dieu : manifester la présence de Dieu dans le monde et pour le monde. Et cette présence peut être aussi bien Joyeuse, Lumineuse, Glorieuse que Douloureuse. Et d'ailleurs elle est plus manifeste et significative quand elle est douloureuse. Car ici, elle devient Sacrifice, elle devient pour nous et pour le monde, source de sanctification et de salut. C'est pour nous le moment de le savoir pour ne pas gaspiller les effets de nos souffrances. Nous les gaspillons souvent en attribuant la cause de nos souffrances au diable ou au péché commis par nous-mêmes ou par nos parents.

A ce niveau, la souffrance n'est plus vécue, elle est rejetée et ce rejet se traduit par des plaintes, des récriminations et la recherche constante et continue de bouc émissaire. Or la souffrance qui nous sanctifie et qui sanctifie le monde, est celle qui est acceptée, accueillie et vécue comme une grâce. C'est alors qu'elle devient œuvres de Dieu, source de paix, de joie, de bonheur et de salut. Le jeu ne sera pas joué par Dieu, mais par nous-mêmes. C'est à nous de transformer nos souffrances et de leur donner un autre sens. Si nous les offrons à Satan, il va s'en régaler et nous condamner ; si nous les offrons à Dieu, il va s'en glorifier et nous serons sanctifiés et sauvés.

A chacun donc de faire de ses souffrances ce qu'il veut. A chacun de jouer !

Bon dimanche !

Vingt-deuxième Jour

« L'homme crut à la parole que Jésus lui avait dite et il partit. » Jn 4, 50.

Si notre vie Chrétienne est un challenge, l'autre défi qu'il nous reste à relever est celui de la foi : croire à la parole de Jésus. Cela peut paraître facile ou même très facile, mais à y réfléchir, et en situation, cette foi n'est plus très évidente. Car c'est en situation d'épreuve qu'une telle foi se montre et se démontre. Nous voici aujourd'hui en situation d'épreuve, de grande épreuve où nous devons vivre une situation analogue à celle des apôtres. Cette situation est celle de la présence non visible de Jésus. Après sa mort, les apôtres devraient vivre cette situation pendant 3 jours. Et chacun connaît très bien le résultat. Après l'ascension, ils devront la vivre tous les jours de leur vie, avec le regard tourné vers cette seule parole : « Et moi, je serai avec vous jusqu'à la fin des temps. » (Mt 28, 20). Ils sont de fait confrontés à la présence-absence de Jésus et devront continuer à vivre et à résister à Satan et à ses persécutions. C'est là qu'ils se sont rassemblés, non seulement pour se souvenir de ses paroles mais pour en vivre et en faire vivre les autres : c'était la première annonce de l'évangile avant les persécutions.

Chères sœurs et frères, filles et fils bien aimés de Dieu, l'heure n'est ni aux plaintes, ni aux récriminations comme on le constate déjà chez certains. Nous sommes à une étape de notre foi et à la vraie étape de notre vie chrétienne. Nous sommes à l'étape de vivre de la Parole de Dieu, nous sommes à l'heure de vivre la Parole de Jésus et d'en fait vivre aux autres. Nous sommes à l'heure de vivre en nous la plus grande sérénité malgré ces vents contraires et cette tempête actuels que vit le monde. Et c'est à nous d'avancer sereinement vers les autres pour les exorciser et les ressusciter par cette Parole post-résurrection :« N'ayez pas peur ». C'est ce que le monde attend de nous. Et c'est pourquoi les églises sont fermées, pour nous permettre d'aller annoncer ce message de la résurrection, pour aller en mission et mieux pour vivre cette mission. C'est l'heure de la Pentecôte, et nul n'a le droit de verrouiller encore les portes de son cœur. C'est l'heure d'ouvrir nos cœurs pour permettre à toutes et à tous d'entendre la Parole dans sa propre langue, c'est l'heure de vivre l'Amour sans barrière, c'est l'heure pour les uns de revivre la Pentecôte et pour les autres de vivre la Pentecôte. C'est l'heure pour l'Eglise soit de devenir Pentecôtiste ou de le redevenir.

C'est l'heure !!!!....

Bonne journée !

Vingt-troisième Jour

Jésus lui dit : « Lève-toi, prends ton brancard, et marche. » Jn 5, 8.

La foi dans sa version originale et originelle, est toujours une action. Saint Jacques nous l'a souvent rappelé, en nous indiquant que sans action, la foi est morte. Sa voix vient en écho à celle de Jésus qui a toujours, à travers les évangiles, montré qu'il est question d'une action de l'homme mue par une volonté sincère. N'est-ce pas ce que Kierkegaard Soren a perçu et veut nous faire comprendre lorsqu'il écrit : « le Dieu tout puissant, a déposé sa toute puissance en l'homme. Il est désormais devenu un Dieu faible devant un homme qui est tout puissant. ». C'est la réalité de l'homme dans l'univers spirituel. Dans cet univers, il est d'abord question de l'homme, de son action qui réveille et qui révèle la toute puissance de Dieu en lui. C'est pourquoi en parlant à tous ceux qu'il a rencontré (cf. Les évangiles), Jésus utilise toujours un ou des verbes d'action. Nous sommes encore ce jour devant trois verbes d'action à savoir : se lever, prendre et marcher. L'enseignement de Jésus est clair et nous pousse à poser des actions concrètes pour notre bonheur et pour notre salut. Cela rejoint parfaitement le dicton populaire : « Aides toi et le ciel t'aidera. ». C'est donc le moment pour nous de sortir de notre passivité spirituelle et de nous lever pour fabriquer notre miracle qui est déjà en nous par la toute puissance de Dieu en nous. Tout acte spirituel vrai et sincère doit commencer par une action, s'épanouir dans une action et finir par une action. Le temps de s'enfermer seulement dans les prières agressives, dans l'eucharistie, dans les différentes dévotions, dans les prophéties et les révélations est révolu. Et je me demande, si ce temps a même jamais existé ? Tout le reste c'est du leurre ou une mauvaise interprétation de la Parole de Dieu. Il faut se lever maintenant, prendre son brancard et marcher. Le brancard ici, est le symbole de tout ce qui maintient l'homme dans la captivité et dans la passivité. C'est le champ lexical de toutes les souffrances et les difficultés de l'homme. A chacun de reconnaître ce qui fait son brancard et de prendre conscience qu'il n'y a personne pour le prendre à sa place. Même pas Jésus lui-même. Car depuis plus de 2000 ans, il a déjà laissé en nous sa toute puissance pour y arriver. C'est ainsi qu'il est pour nous la solution, qu'il est au contrôle, qu'il est grand et qu'il nous guérit.

Vive Jésus !

Bonne journée !

Vingt-quatrième Jour

Marie dit alors : « Voici la servante du Seigneur ; que tout m'advienne selon ta parole. » Lc 1, 38.

La source de toute la création est la Parole de Dieu. « Au commencement, était la Parole » nous dit St Jean dans son prologue (Jn1, 1). Dieu a tout créé par sa Parole. Il nous a créés par sa Parole et il nous a recréés par sa Parole. Et tout nous est donné par sa Parole. C'est dire donc que la Parole de Dieu est le fondement même de notre existence, et qui nous accompagne jusqu'à la fin de notre vie. Car Dieu ne nous a rien promis en dehors de sa Parole et il ne veut rien réaliser pour nous en dehors de sa Parole.

Ainsi, la vie chrétienne consiste à marcher avec Dieu au travers de sa Parole. Elle est une marche avec la Parole de Dieu, une marche dans la Parole de Dieu. Cette marche ne consiste pas à trimballer la Bible, ni à la mémoriser, ni à se laisser envahir par la Parole de Dieu. Elle est tout simplement une intériorisation de la Parole de Dieu jusqu'à ce qu'elle devienne pour nous une VIE. C'est la démarche et la spiritualité de Marie. Elle a laissé la Parole entrer en elle jusqu'à devenir VIE. Désormais, elle se met à la disposition de la Parole de Dieu et elle devient une disponibilité à cette Parole. C'est pourquoi TOUT et vraiment TOUT doit lui advenir selon cette Parole. Et la suite de sa vie va nous montrer que tout lui est advenu réellement selon la Parole de Dieu.

Je connais notre dévotion à la Vierge Marie, que nous aimons et que nous choyons parfois mieux que Jésus lui-même. Je ne viens pas pour la critiquer, ni la fustiger, mais je viens nous admirer à travers cette dévotion. Car c'est elle qui a été la première à faire le chemin qui nous sera proposé par Jésus lui-même. Elle mérite bien une telle dévotion et un tel honneur. Mais je pense que la meilleure dévotion à Marie doit prendre sa source dans sa spiritualité pour chercher enfin à devenir comme elle, à devenir toute disponibilité à la Parole de Dieu. C'est ce qu'il fallait d'abord faire sans toutefois négliger l'autre.

Mais à ce niveau, nous négocions mal le virage ou le ratons, ou nous refusons carrément de le prendre. C'est Marie même qui nous interpelle aujourd'hui et qui nous rassure par la parole de l'Ange : « Car rien n'est impossible à Dieu ». Puissions-nous, en ces jours de confinement, nous laisser envahir par sa Parole, afin que TOUT nous advienne selon elle.

Bonne journée !

Vingt-cinquième Jour

« Moi, je suis venu au nom de mon Père, et vous ne me recevez pas ; qu'un autre vienne en son propre nom, celui-là, vous le recevrez !» Jn 5, 43.

Voilà une parole qui doit susciter en nous des interrogations, si nous continuons d'avoir une option préférentielle pour Jésus. Une question banale qui pourrait surgir en nous est celle-ci : qui est-ce que je reçois chaque jour quand je me présente devant le prêtre, le pasteur, le berger, le prophète ?... La réponse à une telle question n'est pas simple.

En effet, celui que nous devons chercher à travers tous nos dévouements spirituels est Jésus et Jésus Crucifié. C'est lui qui nous a appelés et c'est sa voix qui devrait retentir dans notre cœur. A travers tout ce que nous rencontrons sur notre chemin spirituel, et tous ceux que nous rencontrons, nous devons pouvoir contempler Jésus et le recevoir. C'est ça le rendez-vous qu'il nous donne lui-même. Mais ce n'est pas évident pour nous d'honorer ce rendez-vous. Car si nous l'avions vraiment honoré, peu de choses ou une seule chose à la fois pourrait suffire. Nous n'aurions pas besoin de faire beaucoup ou d'appartenir à beaucoup de réalités spirituelles, car elles s'équivalent si elles ont vraiment pour but de faire rencontrer Jésus, de le recevoir et de l'adorer. D'où la nécessité pour nous chercheurs de Dieu, chercheurs de Jésus, de nous asseoir et de faire le bilan de notre quête ou de notre recherche. Si c'est vraiment Dieu ou son Fils Jésus que nous recherchons, nous l'aurions déjà trouvé depuis sans même nous gêner autrement. Car il se laisse trouver à qui le cherche et le cherche en vérité. Il se laisse trouver à tout moment et à n'importe quel lieu, même au fond de notre confinement. C'est ça que j'ai remarqué hier devant la télévision où la chaîne TV5 a montré des Français qui jouaient de la musique, qui s'amusaient, qui applaudissaient à leur fenêtre, qui faisaient du concert au profit du personnel soignant. En un mot, des Français qui ont retrouvé la joie de vivre, d'être heureux, de vivre ensemble, de vivre l'amour et la fraternité, de libérer de la joie et de la communiquer en plein confinement. N'est-ce pas ça rencontrer Jésus ? N'est-ce pas ça recevoir Jésus ? N'est-ce pas cela l'adorer ? Autrement, il ne serait pas Jésus et il n'existerait même pas.

Bonne journée !

Vingt-sixième Jour

« On cherchait à l'arrêter, mais personne ne mit la main sur lui parce que son heure n'était pas encore venue. » Jn 7, 30.

L'évangéliste nous conduit aujourd'hui à la notion de l'heure. Jésus avait une heure et tout son regard était fixé sur cette heure. Mieux, toutes ses actions convergent vers cette heure. Il n'était question pour lui ni de rater cette heure ni de la hâter ou de la supprimer. C'est l'heure du sacrifice et c'est l'heure de la délivrance, sa propre délivrance et celle de toute l'humanité. Et si Jésus a protégé quelque chose en lui, c'est d'abord et surtout cette heure. Il n'a voulu rien faire, ni rien accomplir en dehors de cette heure. Sa vie et tout son dévouement était une question d'heure. En faisant ainsi ou en se comportant ainsi, Jésus n'a fait que respecter l'ordre des choses ou l'ordre de la nature. Car la nature opère en fonction d'heure, de temps, de période. Il y a un temps pour le jour de céder la place à la nuit, il y a un temps pour la floraison, il y a un temps pour semer et un temps pour récolter, il y a un temps pour que le bébé soit bien formé dans le ventre de sa mère, il y a un temps pour qu'il naisse, il y a un temps pour qu'il grandisse, il y a un temps pour qu'il vieillisse etc... C'est ce que l'Ecclésiaste a voulu nous montrer quand il dit : « Il y a un temps pour tout ».

Jésus est rentré dans ce système et il a fait tout en son temps, consacrant ainsi le modèle de la nature. Et s'il est pour nous le chemin, il nous invite aussi à prendre par le même système pour atteindre le bonheur promis, attendu et tant recherché. Mais les choses ne se passent pas toujours ainsi chez nous, rien n'est encore pareil ou aussi clair pour nous.

En effet, pour nous aussi, il y a un temps pour tout. Mais si les uns ne l'ont pas déjà raté, les autres l'ont au moins précipité ou supprimer. C'est ce qui constitue en réalité la misère de l'homme devant Dieu. Nos désirs, nos plaisirs, nos envies et nos petits calculs humains non ordonnés et non cadrés nous amènent soit à rater notre heure, soit à la précipiter ou à la supprimer carrément. L'heure est au bilan et à un examen de conscience approfondie pour cesser d'accuser Dieu, de le forcer ou de condamner les hommes. L'heure est à la demande de la Miséricorde de Dieu pour réparer les outrages et tout le mal que nous avons fait au cœur de Jésus en ratant l'heure, en la précipitant ou en la supprimant. Tu vis la stérilité aujourd'hui peut-être parce que tu as précipité l'heure de ta maternité et l'ayant précipité, tu as avorté purement ou simplement l'enfant. Ou bien Tu as raté l'heure de ta maternité parce que tu n'avais pas fini de faire ta vie de jeune fille branchée. Ou bien Tu as supprimé l'heure de ta maternité parce qu'ayant connu une déception amoureuse, tu as juré de ne plus reprendre. Tu vis aujourd'hui le célibat ou un mariage douloureux peut-être parce que tu as raté, précipité ou supprimé l'heure d'entrée en relation avec un homme ou une femme pour des raisons que tu connais. Tu vis la pauvreté aujourd'hui peut-être parce que tu as raté, précipité ou supprimer l'heure de ta richesse pour 10.000 raisons que je ne saurais énumérer ici. Bref, ce que tu recherches indéfiniment et tu ne l'as pas, réfléchis et fais bien ton examen de conscience et ton bilan. Car pensons-nous que notre Dieu est si sourd pour ne pas nous entendre, ou il est si mauvais qu'il ne peut pas nous exaucer, ou il est si con qu'il ne sait pas ce dont ses enfants ont besoin ? Lui qui n'a sur nous que des pensées de paix et bonheur et jamais de malheur ? Il n'est pas question aujourd'hui d'accuser ni Dieu, ni l'Homme, ni de condamner le diable. Ce dernier, en tant que profiteur, a juste profité d'une situation créée par nous-mêmes.

Reconnaissons tout simplement que nous avons inversé les choses ou nous les avons déplacés carrément. Voilà pour nous le chemin de la miséricorde, voilà le chemin de la réparation et voilà le chemin du salut.

Vingt-septième Jour

« Serais-tu, toi aussi, de Galilée ? Cherche bien, et tu verras que jamais aucun prophète ne surgit de Galilée ! » Jn 7, 53.

Notre monde actuel serait-elle la Galilée d'aujourd'hui ? Cette question est importante et mérite d'être posée. Tout se passe en nous et autour de nous comme si nous n'avons pas de prophète et que nous ne l'avons jamais eu. Tout est permis et tout se fait et se dit. Chacun élabore sa loi et sa vérité, et plus de loi en soi, plus de vérité en soi. C'est ça la particularité de Galilée, qui refusant la vérité, a fini par refuser les prophètes. Chacun y vit comme il veut n'ayant de loi ou de vérité que lui-même. Même si nous ne sommes pas exactement à l'image de Galilée, nous lui ressemblons fort bien.

En effet, notre ressemblance avec Galilée tient du fait que rien ne nous arrête plus dans ce que nous pensons et dans ce que nous avons l'intention de faire. Tout se passe Comme si Dieu ne nous dit plus rien et sa Miséricorde est devenue pour nous comme un prétexte. Oui, chères sœurs et frères, Dieu ne nous dit plus rien, et pourtant nous sommes prêts à faire circuler son nom partout et surtout dans toutes nos phrases. Pour répondre à une simple salutation, il n'est pas rare pour nous de dire : « Dieu fait grâce ; je rends grâce ; Dieu merci ; Dieu est au contrôle ; Dieu est grand... ». La question est de savoir de quel Dieu s'agit-il ? Celui qui a créé le ciel et la terre ? Le Dieu de Jésus Christ, qui est le Dieu juste, le Dieu vrai et le Dieu bon ? Notre monde donne un concert ou il joue un théâtre déconcertant sur Dieu. Car au fur et à mesure qu'il est rempli du nom de Dieu, il s'éloigne de Dieu et cherche même à le faire disparaître; au fur et à mesure que les églises, les mosquées et les lieux de prières sont gigantesques et s'installent au milieu de nous, Dieu semble être plus absent; au fur et à mesure que des initiatives spirituelles se prennent et se multiplient, elles nous éloignent de la justice, de la bonté, de la vérité et de Dieu, elle nous empêche de nous arrêter. Le Pape François nous le rappelle encore hier lorsqu'il a dit : « Devant l'injustice, nous ne nous arrêtons plus, devant le mal nous ne nous arrêtons plus... ». Car nous avons rejeté tout vrai prophète et accueilli désormais tout ce qui nous porte à la gloire, tout ce qui nous parle de la gloire, tout ce qui nous excite et nous incite à la gloire. Mais ce dicton nous échappe et il est important de le rappeler encore ici : « A vaincre sans péril, on triomphe sans gloire ». Nous risquons, à force de courir derrière cette gloire imaginaire, de rater la vraie gloire, celle annoncée par les prophètes et qui est confirmée dans la vie et la personne de Jésus.

Chères sœurs et chers frères, à force de rejeter et de refuser un vrai prophète digne de ce nom et bien visible, en voilà un, que dame nature nous envoie, suffisamment faux et vraiment invisible. Et comme, c'est le principe de tout faux prophète, il nous impose sa loi et sa vérité : le confinement. Avec lui, non seulement tout s'arrête mais nous nous arrêtons nous aussi : C'est le Covid-19.

Chers amis, il arrête tout autour de nous et il nous arrête, mais ne le laissons pas tout arrêter en nous. Car c'est en nous que se trouve Jésus Christ, le vrai prophète. Qu'à partir de notre intérieur, nous redécouvrions la beauté et la grandeur de la création pour pouvoir ensuite savoir nous arrêter devant elle après le confinement, et pour enfin lui sourire et lui dire « Oui ». C'est tout ce que Dieu attend de nous, c'est tout ce qu'il nous demande, ni plus ni moins ; c'est ça la vraie adoration (adorer en esprit et en vérité) et c'est ça la vraie gloire : savoir s'arrêter devant la création lui sourire et lui dire oui.

Bonne journée !

Quatrième Dimanche de Carême

Mais certains d'entre eux dirent : « Lui qui a ouvert les yeux de l'aveugle, ne pouvait-il pas empêcher Lazare de mourir ?» Jn 11, 37.

Voilà une réflexion qui nous est ordinaire. Au cœur de nos souffrances, nous avons souvent eu recours à cette façon de réfléchir qui nous éloigne de la réalité christique. C'est cette réflexion qui a fabriqué des générations d'Athées et qui continue d'en fabriquer. Si Dieu existe, pourquoi le mal ? Pourquoi la souffrance ? Pourquoi les guerres ? Pourquoi les calamités ? Pourquoi la faim ? Pourquoi la misère ? Pourquoi la maladie ? Pourquoi le coronavirus pour emporter autant de vies humaines ? Pourquoi ne peut-il pas d'une main magique arrêter ou empêcher tout cela ? Ce sont des questions qui nous perturbent chaque jour. Et à défaut de faire de nous des athées, elles font de nous au moins des chrétiens qui doutent. Nous sommes tous à ce niveau et c'est ainsi que nous marchons vers la sainteté. Mais si la question est pertinente, elle reste et demeure mal posée ou mal formulée. Car l'existence ou la non-existence de Dieu ne doit pas être appréciée à l'aune de la souffrance de l'homme ou du mal dans le monde. Ceci est si vrai que Dieu lui-même n'a pas été exempté ; il a été victime du mal. Alors d'où vient le mal et la souffrance pour que Dieu lui-même en soit victime ? Cette question me semble plus juste et plus censée.

En effet, le mal c'est l'absence opposée quelque part à l'élan de l'Amour. Toute la création se défait, toute la création se décrée quand nous opposons à l'Amour, qui nous la donne, l'absence et l'indifférence de notre égocentrisme. Dieu n'est jamais à l'origine du mal. Il est toujours la victime du mal, et même la première victime. Puisqu'il en est la victime et la première, il intervient toujours. Il intervient toujours comme Amour, il intervient toujours par le don de lui-même, il intervient toujours par sa Présence. Mais cette Présence, pour être efficace, a besoin de la nôtre, manifestée par notre Foi en son Fils Jésus par qui il se rend Présent. C'est pourquoi Jésus, se tournant vers Marie, lui murmure : « Ne te l'ai-je pas dit ? Si tu crois, tu verras la gloire de Dieu. ». C'est ainsi que Dieu, n'étant pas l'auteur du mal, ni de la souffrance, vient les remplir de sa Présence et les transforme en une Gloire, la Gloire de Dieu.

Chères sœurs et chers frères, Jésus n'est pas venu empêcher le mal, ni la souffrance ; il n'est pas venu les supprimer. Mais il est venu les remplir de sa Présence pour sa Gloire et pour notre salut moyennant notre Foi et notre Confiance en sa personne. Aucune souffrance, aucune misère, aucune maladie...ne peut te conduire à la mort. Au contraire, c'est pour que la Gloire de Dieu se révèle en toi, pour toi et par toi ; ainsi que l'a dit Jésus lui-même : « Cette maladie ne conduit pas à la mort, elle est pour la gloire de Dieu, afin que par elle le Fils de Dieu soit glorifié. » Jn 11, 4.

Bon dimanche.

Vingt-huitième Jour

Jésus disait aux pharisiens : « Moi, je suis la lumière du monde. Celui qui me suit ne marchera pas dans les ténèbres, il aura la lumière de la vie. » Jn 8, 12.

Jésus rassure tous ses disciples à partir de ce qu'il est. Le disciple, en effet, c'est celui qui suit le Christ et qui met en lui toute sa foi et sa confiance. C'est celui-là qu'il rassure, c'est pour celui-là qu'il est la lumière du monde, c'est celui-là qui bénéficiera de sa lumière et qui ne marchera point dans les ténèbres.

Cette parole de Jésus nous rejoint à un moment où le monde vit une guerre dont l'ennemi est invisible. Cette Parole nous rejoint à un moment où le monde est recouvert de ténèbres et chacun, apeuré, se demande là où il peut aller ou à quel saint il peut se vouer. Cette parole nous rejoint dans notre confinement, si sombre que nous nous demandons, implicitement ou explicitement : À quand la fin ?

Chères sœurs et chers frères, voilà enfin une parole rassurante. Voilà la Parole tant attendue. Voilà la Parole qui doit nous rassurer et nous apaiser si nous sommes vraiment disciples du Christ et si nous continuons à l'être. Car être disciple du Christ ne se limite pas à la quantité de prières que nous faisons par jour ; il ne se limite pas à la grosseur ou à la lourdeur de la croix que nous portons au cou, il ne se limite pas au nombre de versets bibliques que nous avons pu mémoriser, mais se vérifie par notre capacité à vaincre la fatalité, notre sérénité à traverser les déserts et notre enclin à la résilience. C'est en cela que le monde saura que nous sommes vraiment disciples du Christ ; et c'est là que nous pouvons entraîner le monde dans l'élan de notre foi. Autrement, le monde ressemblerait à Ghandi et s'obstinerait comme lui : « les chrétiens ont tout ce qu'il leur faut pour être heureux. Mais ils ne le sont pas. C'est pourquoi je ne me convertirai jamais. ». Si nous avons pu fabriquer des gens comme Ghandi hier, c'est le moment pour nous, aujourd'hui, de nous rendre compte de ce que nous sommes réellement et de se résoudre à prendre un chemin inverse. C'est là, la grâce du confinement : se redécouvrir disciple du Christ et se mettre en marche pour gagner le monde au Christ. Mais nous devons faire attention. Car gagner le monde au Christ, ce n'est pas l'inonder de la Parole de Dieu. Mais devenir pour lui une lumière dans un monde de ténèbres ; c'est devenir pour lui une source d'inspiration et une raison d'être et de vivre en ce temps de détresse.

Vive Jésus !

Vingt-neuvième Jour

Il leur répondit : « Vous, vous êtes d'en bas ; moi, je suis d'en haut. Vous, vous êtes de ce monde ; moi, je ne suis pas de ce monde. C'est pourquoi je vous ai dit que vous mourrez dans vos péchés. En effet, si vous ne croyez pas que moi, JE SUIS, vous mourrez dans vos péchés. » Jn 8, 23.24.

L'heure est venue pour nous et pour le monde de revivre cette Parole. L'heure de la foi en Jésus a sonné et chacun doit en prendre conscience. L'heure de revenir à lui dans toute sa simplicité, son humilité et sa faiblesse. Hier c'était l'heure de nos inventions, l'heure de la technologie, l'heure de nos découvertes, l'heure de nos plaisirs, c'était l'heure du travail, l'heure de se marier, l'heure de faire des enfants. Nous avons utilisé cette heure à fond sans penser au mal, sans penser à un probable arrêt. D'ailleurs toutes les dispositions ont été prises pour que la machine ne s'arrête jamais, pour que la chaîne ne se rompe jamais. Les pièces de rechange ont été fabriquées et les robots disponibles pour les rechanger à la seconde. Mais voilà que tout s'arrête, non pas par un coup de tonnerre, non pas par un géant, la riposte aurait été proportionnelle. Tout s'est arrêté et rien de ce que nous avions inventé jadis ne peut nous sauver. Tout s'est arrêté par un petit virus, qui a chamboulé tout et embrouillé l'heure. Notre belle heure, qui avait imposé sa suprématie et ses béatitudes - heureux les forts, heureux les puissants, heureux les riches, heureux les violents... s'est arrêtée. Elle s'est arrêtée et ne donne aucune garantie de reprendre normalement.

Chères sœurs et chers frères, « le Monde s'effondre » et c'est ce que nous devons comprendre. Oui, « le Monde s'effondre », mais sans nous laisser tomber dans le vide, ni le néant. Il nous laisse dans les mains de celui qui EST de toute éternité. Avant notre heure, il Est ; pendant notre heure, il EST quoique dans le silence ; après notre heure, il EST. Voilà ce qu'il faut savoir aujourd'hui et voilà ce qu'il faut croire. Cette foi nous incombe en premier et nous envoie vers les autres pour leur dire : Il EST.

Je pense que c'est ce que ce temps de confinement pourrait signifier pour nous, disciples du Christ. C'est le moment pour nous de nous convaincre de la présence effective, affective, agissante et éternelle du Christ, pour pouvoir dire au monde, après confinement : Il EST. Et mieux pour dire au monde que notre heure a échoué et c'est désormais son heure. C'est l'heure de Jésus qui a toujours existé et qui ne s'est jamais arrêtée malgré les cataclysmes et les guerres sous toutes leurs formes. Et ce n'est pas anodin que cette année soit proclamée année de la mission par le Pape François. C'est cette mission que Jésus voulait nous rappeler. Il veut nous envoyer vers nous-mêmes et vers les autres pour leur dire comme à pâques : Il est ressuscité, Il est vivant, Il EST.

Gardons-nous de rater encore cette opportunité. Elle est toute nouvelle. Car si les églises aussi sont fermées, c'est dire que notre façon aussi de vivre la mission est caduque. Puisse ce confinement nous aider à découvrir la nouvelle façon de la vivre pour un monde de demain plus solidaire, plus fraternel, plus juste, plus vivant et plus vivable.

Bonne journée !

Trentième Jour

Jésus disait à ceux des Juifs qui croyaient en lui : « Si vous demeurez fidèles à ma parole, vous êtes vraiment mes disciples ; alors vous connaîtrez la vérité, et la vérité vous rendra libres. » Jn 8, 31.

Il ne suffit pas de croire en Jésus pour être vraiment son disciple. Il ne suffit pas non plus de connaître sa Parole pour l'être. Il faut surtout demeurer fidèle à sa Parole. C'est d'ailleurs cette dernière qui nous fait accéder à la vérité et à la liberté.

En effet, être disciple du Christ c'est être libre ; c'est être libre de dire, de penser et de faire. Dieu, par sa Parole, nous donne la possibilité de dire, de penser et de faire. Sa Parole nous ouvre à l'universalité alors que toutes les autres paroles nous limitent et nous conduisent à une vue ou une vision étriquée. Dieu est l'universel concret et tous ceux qui le suivent, accèdent à l'universalité des choses : C'est la vraie liberté.

Être libre, c'est accéder à l'universalité des choses de la vie et du monde. C'est alors que notre regard change, aussi bien sur nous-mêmes que sur les autres et les choses. Or, qu'est-ce que la Foi ? Qu'est-ce que l'Espérance ? Qu'est-ce que la Charité ? C'est tout simplement un changement de regard. Ainsi, nous voyons autrement, nous jugeons autrement et nous agissons autrement. Dieu nous appelle à cette liberté et il nous donne déjà un gage pour y accéder : c'est son Esprit en nous.

Demandons donc à l'Esprit en ce jour, de nous faire accéder à cette universalité à laquelle Dieu nous appelle et il nous y attend. Alors nous connaîtrons la longueur, la largeur, la hauteur et la profondeur de son Amour pour nous. Ainsi nous serons libres à jamais.

Bonne journée !

Trentième-et-unième Jour

« Alors ils ramassèrent des pierres pour les lui jeter. Mais Jésus, en se cachant, sortit du Temple. » Jn 8, 59.

Celui que nous suivons sait se cacher pour éviter le pire. Il sait quand et comment disparaître de la scène. Mais nous, en prétextant de lui, en prétextant de sa force, de sa grâce et de sa puissance, nous aimons nous exhiber créant le pire. En prétextant de notre foi en lui ou d'un quelconque charisme, nous voulons résister au risque même de devenir téméraire. La question est de savoir si la grâce, la puissance et la force de Dieu continue d'agir en nous quand nous devenons téméraires ? Ou bien si elle continue de faire ses preuves en nous quand nous rentrons dans un challenge ou un défi ?

En effet, le disciple est celui qui suit le maître. Il n'est pas plus grand que le maître. Et toute proportion gardée, il emprunte le même chemin que le maître. Or Jésus n'a jamais cherché à exhiber un quelconque pouvoir reçu de son père, il n'a pas non plus cherché à être téméraire. Se retrouver dans ces situations, c'est d'ailleurs hâter son heure et compromettre sa mission. C'est pourquoi il sait quand se cacher et quand disparaître pour rendre sa mission efficace et réelle. Il a su très bien mettre en application le dicton populaire : « le salut est dans la fuite. ». Si cette réalité est très bien comprise par le Christ, elle ne l'est pas encore pour nous ses disciples.

Chères sœurs et chers frères, se cacher ou même fuir s'il le faut, n'est pas la preuve d'une faiblesse. Il n'est pas non plus la preuve d'une quelconque peur ou d'une démission. C'est même la grâce de Dieu qui le demande et qui l'exige. C'est le moment pour nous de rentrer en nous-mêmes et de chercher à savoir si nous n'avons pas volontairement et consciemment réveillé le chat qui dort. Si au nom de la grâce de Dieu, ou d'un charisme de prière en nous, nous n'avons pas provoqué le diable. Parcourons et revisitons nos prières quotidiennes pour voir si nous ne faisons pas de l'exorcisme à tout vent et en tout temps. Voulons-nous voir le diable se taire quand nous le provoquons ? Ou quand nous le réveillons de son sommeil profond ? La preuve est que nous organisons aujourd'hui toute sorte de riposte contre le coronavirus, qui est venu nous provoquer et nous tirer de notre sommeil. Ainsi, le diable se débat et organise aussi sa riposte quand nous le provoquons par nos prières et par nos dévotions à tout vent. C'est l'heure de le reconnaître et de chercher à se cacher. C'est l'heure de prier autrement et de vivre la prière autrement. Car prier, c'est entretenir Jésus qui est présent en nous et se réfugier sous la miséricorde de Dieu. Nous devons réapprendre à nous réfugier sous la Miséricorde de Dieu, seul lieu invisible de l'ennemi et seul refuge assuré du pécheur que nous sommes.

Que Dieu réveille en nous ce courage.

Trente-deuxième Jour

« Si je ne fais pas les œuvres de mon Père, continuez à ne pas me croire. Mais si je les fais, même si vous ne me croyez pas, croyez les œuvres. Ainsi vous reconnaîtrez, et de plus en plus, que le Père est en moi, et moi dans le Père. » Jn 10, 37.38.

Jésus fait ressortir le critère juste. Il fait ressortir ce qui peut permettre de nous reconnaître comme filles et fils de Dieu et par ricochet, disciples du Christ. Il énonce le critère aussi bien pour nous que pour les autres. Il veut nous faire avancer dans le discernement qui se présente toujours à nos yeux comme un exercice difficile et compliqué. Jésus fait un pas de plus avec nous en énonçant le critère de tout discernement : les œuvres du Père.

En effet, nous sommes filles et fils du Père et disciples du Christ quand nous accomplissons les œuvres du Père. C'est en cela que Jésus lui-même veut être reconnu comme Fils de Dieu, agissant non pas en son nom, mais au nom de son Père. Ainsi, la fille et le fils de Dieu, c'est celui qui agit au nom de Dieu, qui accompli les œuvres de Dieu. C'est cela qui rendra compte de notre légitimité et qui nous permettra d'être transparents pour laisser voir Dieu en nous. Ces œuvres sont ceux que le Christ lui-même a accomplies toute sa vie durant, montrant à ces disciples le chemin à suivre pour être reconnus comme Fils de Dieu. Et ce qui est vrai pour ses disciples l'est autant pour nous. Ces œuvres, rendues plus claires et plus obvies par le Pape François en 2016, ne sont rien d'autre que les œuvres de Miséricorde. Réparties en deux catégories à savoir, spirituelles et corporelles, ces œuvres nous permettent d'agir comme Dieu. Redécouvrons les œuvres de miséricorde corporelles :

- Donner à manger aux affamés,
- Donner à boire à ceux qui ont soif,

- Vêtir ceux qui sont nus,
- Accueillir les étrangers,
- Assister les malades,
- Visiter les prisonniers,
- Ensevelir les morts.

Et n'oublions pas les œuvres de miséricorde spirituelles :

- Conseiller ceux qui sont dans le doute,
- Enseigner les ignorants,
- Avertir les pécheurs,
- Consoler les affligés,
- Pardonner les offenses,
- Supporter patiemment les personnes ennuyeuses,
- Prier Dieu pour les vivants et pour les morts.

C'est en elles et avec elles, que notre ressemblance à Dieu devient effective. Elles nous mettent dans une telle communion avec Dieu, qu'elles finissent par laisser transparaître Dieu en nous, c'est la transparence en Dieu.

Bonne journée.

Trente-troisième Jour

« Alors, l'un d'entre eux, Caïphe, qui était grand prêtre cette année-là, leur dit : « Vous n'y comprenez rien vous ne voyez pas quel est votre intérêt : il vaut mieux qu'un seul homme meure pour le peuple, et que l'ensemble de la nation ne périsse pas. » Jn 11, 49.50.

« Ce qu'il disait-là ne venait pas de lui-même ; mais, étant grand prêtre cette année-là, il prophétisa que Jésus allait mourir pour la nation ; et ce n'était pas seulement pour la nation, c'était afin de rassembler dans l'unité les enfants de Dieu dispersés. » Jn 11, 51.52.

Voilà dévoilée la cause du mandat d'arrêt contre Jésus. C'est la cause de sa mort. Jésus n'a pas fui devant le mandat d'arrêt, il n'a pas refusé une telle mort. Face au mandat d'arrêt, il s'est laissé ; face à la mort, il s'est livré. Il a consenti à cette mort pour la nation, pour rassembler dans l'unité les enfants de Dieu dispersés. C'est donc pour une juste cause que Jésus s'est abandonné et a vécu la mort comme une mission. Et là encore, il devient un chemin pour ses disciples et pour nous.

Chères sœurs et chers frères, c'est le moment pour nous de regarder Jésus si nous sommes vraiment ses disciples. C'est le moment de le suivre réellement pour comprendre et surtout pour vivre toute notre vie comme une mission. C'est le moment de le suivre pour accueillir tous les aspects de notre vie comme une mission. Rien n'est peut-être facile pour nous, rien n'est évident dans notre vie, tout est dur et se durcir encore de jour en jour, regardons Jésus et comprenons que, comme lui, nous sommes en mission. Regardons bien et avec un peu de discernement, nous allons comprendre que telle ou telle difficulté dans notre vie est une mission. Regardons bien et avec un peu de recul, nous allons comprendre que nous sommes en mission dans notre famille, nous sommes en mission à côté de notre époux, nous sommes en mission à côté de notre épouse, nous sommes en mission à côté de nos enfants, nous sommes en mission dans notre travail avec nos patrons ou nos collaborateurs, nous sommes en mission dans nos groupes d'amis, dans notre quartier et que sais-je encore. Car, à aucun de ces lieux, rien n'est évident ni facile pour nous. Même notre maladie ou notre faiblesse peut être une mission.

Accepter le mandat d'arrêt contre nous et nous livrer à la mort prévue pour nous, c'est accueillir tout ce que nous vivons comme une grâce et de vivre tout comme une mission. Ainsi notre vie trouvera toute sa plénitude en Jésus et comme Saint Paul nous allons pouvoir dire : « Je ne vis plus, C'est le Christ qui vit en moi.» (Gal 2, 20) ou tout simplement « toutes choses concourent au bien de celui qui aime Dieu. » (Rm 8, 28).

Bonne journée !

Cinquième Dimanche de Carême

« Le soir venu, Jésus se trouvait à table avec les Douze. Pendant le repas, il déclara : « Amen, je vous le dis : l'un de vous va me livrer. » Mt 26, 20.21.

Le risque qui guette tout disciple de Jésus est celui de le livrer. Ce risque est permanent et nous poursuit partout et toujours. Et ce n'est pas rare de nous voir tomber dans le panneau sans même nous en rendre compte. Avant nous, c'est Juda qui est tombé dedans malgré les rappels de Jésus. Insensible à la parole du maître, et le regard tout tourné vers ses propres intérêts, il tombe dans le panneau.

Chères sœurs et chers frères, ce qui nous conduit à tomber dans ce risque est l'insensibilité à la parole de Jésus et la mise en avant de nos intérêts personnels et égoïstes.

En effet, ces deux maux sont les plus courants et les plus présents dans nos vies de disciples du Christ. Comme je l'avais dit dans l'un de mes partages, notre monde est envahi par la parole de Dieu que nous retrouvons et rencontrons partout. Si ceci était vrai, notre monde devrait être le plus juste. Et l'amour dans notre monde devrait être la chose la mieux partagée. Quelle paix ! Quelle joie ! Quel bonheur ! Mais rien de tout ça n'est évident. Notre monde est devenu plutôt une jungle où la règle du jeu est le sauve qui peut. Chacun court derrière ses intérêts personnels et les gère comme il peut sans même faire attention à la présence ou la vie de l'autre.

C'est dire donc que la parole de Dieu nous envahit, mais nous laisse insensible, tant nos intérêts personnels sont prioritaires. Avec un tel comportement ou une telle attitude, que représente pour nous la justice ? Où est donc la paix ? Où est l'Amour ? Où est la joie ? Que nous prêchons au nom de Jésus ? Où sont l'unité, la vérité et la liberté qui lui ont coûté le prix du sang ? Ils sont sacrifiés sur l'autel des intérêts personnels. Alors Jésus est livré chaque fois que ce que nous prêchons en son nom, est absent dans le monde. Il est livré et continue de l'être, chaque fois que ce pourquoi il a donné sa vie est absent dans notre vie et dans nos communautés.

Que ce dimanche des rameaux, que nous vivons en confinement, nous aide à revoir tout ce qui en nous, continue de livrer Jésus.

Bonne fête des rameaux !

Trente-quatrième Jour

« Judas Iscariote, l'un de ses disciples, celui qui allait le livrer, dit alors : « Pourquoi n'a-t-on pas vendu ce parfum pour trois cents pièces d'argent, que l'on aurait données à des pauvres ? » Jn 12, 4.5.

« Il parla ainsi, non par souci des pauvres, mais parce que c'était un voleur... Jn 12, 6.

- Quand le pauvre devient la raison de notre ascension sociale !
- Quand le pauvre devient un escabeau pour mieux nous positionner !
- Quand on se sert du pauvre pour s'enrichir illicitement !

Voilà la problématique que l'évangéliste Jean pose en ce premier jour de la semaine sainte. Elle doit retenir notre attention et nous aider à mieux réfléchir pour savoir les mobiles de nos actions.

En effet, dans l'évangile du jour, l'intention de Judas, pour empêcher que le parfum soit versé sur les pieds de Jésus était claire : vendre ce parfum de grand prix pour sa poche à lui. Il voulait recueillir l'argent du parfum pour ses intérêts personnels, pour son enrichissement personnel. Mais pour y arriver, pour parvenir à son but, il se positionne comme défenseur des pauvres. Il donne une apparence de se soucier des pauvres, mais la réalité est qu'il voulait s'enrichir lui-même. A ce niveau, il est urgent et important de nous arrêter pour réfléchir à nos intentions intérieures.

Chères sœurs et chers frères, que pensons-nous réellement dans notre cœur en tant que disciple du Christ ? Quelles sont nos intentions profondes ? Quelles sont les intentions pour lesquelles nous pensons ceci, nous disons cela ou nous posons un tel acte ? Est-ce réellement pour servir ou pour nous servir ? Dans tous les cas, nous avons une vérité à connaître, à méditer et à manipuler chaque jour de notre vie, si nous sommes vraiment disciples du Christ. Cette vérité est sortie hier de la bouche du Pape François, le premier disciple du Christ : «la vie ne sert à rien si on ne sert pas. ».

Oui chers amis et chers disciples du Christ, voilà ce qui devrait être la raison principale de nos pensées, de nos paroles et nos actions : le service. L'homme est né pour servir comme l'oiseau pour voler. Et le chrétien davantage, car il a été sauvé par le service du Christ au prix même de sa vie. La problématique de la vie n'est pas de devenir riche ; elle n'est pas celle d'avoir des maisons, des voitures, des enfants ; elle n'est pas celle d'avoir un jet privé ou de la popularité. La vraie problématique de la vie est de servir ses semblables au prix de sa vie comme le Christ. Et tout ce que nous sommes, tout ce que nous avons, tout ce que nous possédons doit être des moyens au service et à la disposition de ce seul but. Cette période où nous sommes, cette pandémie qui nous menace est propice pour nous faire revenir à ce seul but de notre existence. C'est l'heure de découvrir la vanité des choses derrière lesquelles nous courons et la stupidité de nos intentions et de nos actions. Car vendre ce parfum pour avoir sa poche, sa maison ou son compte rempli d'argent est bon. Mais l'utiliser pour servir l'homme, tout homme et tout l'homme est mieux sinon meilleur.

Bonne journée sainte !

Trente-cinquième Jour

Judas prit donc la bouchée, et sortit aussitôt. Or il faisait nuit. Quand il fut sorti, Jésus déclara :

« Maintenant le Fils de l'homme est glorifié, et Dieu est glorifié en lui. Si Dieu est glorifié en lui, Dieu aussi le glorifiera ; et il le glorifiera bientôt. »

Je nous invite à revoir le décor de ce passage de l'évangile, qui se donne à nous comme une scène.

Judas a pris la bouchée de la trahison. Il a pris la décision de trahir, il est sorti pour trahir. Or il faisait nuit. Il faisait nuit aussi bien pour Judas que pour Jésus. Il faisait nuit dans le cœur de Judas et il faisait nuit autour de Jésus. Et c'est au cœur de cette nuit double, que le Fils de l'homme est glorifié. C'est au cœur d'une telle nuit que Jésus s'abandonne et se donne.

Il doit avoir là beaucoup de signes pour nous en tant que disciples du Christ. Rien n'est choisi au hasard dans ce décor et il n'y a pas de personnages inutiles dans cette scène. Tout parle, tout nous parle et tout doit nous parler.

En effet, l'invocation de la nuit et ce personnage "nuit", nous montre clairement l'état de Juda au moment où la scène se passait. Il faisait nuit dans son cœur, il faisait nuit dans sa vie. Et nous savons tout ce dont on est capable et tout ce qui est possible quand il fait nuit. Aussi bien qu'il était incapable de reconnaître Jésus comme son frère ou son maître, il était incapable de distinguer le bien du mal au cœur d'une nuit pareille. Quand il fait nuit dans notre cœur, aucune fraternité n'est possible, aucune joie n'est libérée, aucune paix n'est visible et l'amour ne peut jamais être vécu. La dramatique humaine est la dramatique de la nuit. Quand la nuit envahit le cœur ou la vie de l'homme, il n'y a plus rien à espérer que le pire. Notre prière en tant que disciples du Christ doit être une vigilance, telle que l'énonce déjà l'auteur de l'hymne du temps de carême : « Que Dieu rende vigilants ceux qui chantent le Seigneur. Qu'ils ne soient en même temps les complices du malheur où leurs frères sont tenus. ». Sans cette vigilance, la nuit finira par nous envahir tôt ou tard. Sans cette vigilance, nous finirons par trahir le Christ d'une manière ou d'une autre. Sans cette vigilance, l'amour en nous finira par se transformer en haine.

Soyons vigilants et demeurons-le, afin que la lumière dans notre cœur devienne une lumière de midi. Alors de notre cœur pourra naître une source, la source qui fait vivre la terre de demain, la source qui fait vivre la terre de Dieu.

Bon mardi saint !

Mercredi Saint

Judas, celui qui le livrait, prit la parole : « Rabbi, serait-ce moi ? »

Jésus lui répond : « C'est toi-même qui l'as dit ! » Mt 26, 25.

Le principe de Jésus est clair : il n'est pas là pour dénoncer ni le mal, ni le malfaiteur. Il est venu pour sauver et laisser le mal se dénoncer lui-même. Cette attitude de Jésus est symptomatique et sans équivoque. Elle ne veut pas dire qu'il ne reconnaît pas le mal. Il le reconnaît très bien. Mais il le laisse à sa place et à son sort. Car quoi qu'en soit son envergure, le mal a sa place, il a une limite qu'il ne peut pas dépasser. Comme la mer, il y a une limite qui lui est imposée. C'est le moment de le savoir et de comprendre que, s'il dépasse sa limite, c'est dire que c'est nous qui l'avons déplacé. C'est le cas du coronavirus que nous subissons aujourd'hui.

En effet, le coronavirus existe, mais ne se déplace pas. C'est nous qui le déplaçons. Il en va de même pour ce qui prend le nom de mal. Il a une limite à ne pas franchir, à ne pas dépasser. C'est l'homme qui le déplace et qui lui fait dépasser sa limite. Et Dieu seul sait que nous aimons le déplacer et que nous le déplaçons vraiment. Voilà des attitudes auxquelles nous devons renoncer dans notre vie de disciples du Christ. Le mal existe, mais pas pour nous empêcher de vivre. Il n'existe pas pour supprimer notre existence et notre bonheur à nous. Il existe juste pour nous rendre vigilants, pour savoir manipuler notre liberté, qui loin d'être un libertinage, est une référence à Dieu et à sa Parole. Il existe, pas pour nous faire peur, ou nous mettre sur le qui-vive, mais pour nous permettre de mieux croire en notre Dieu et de s'attacher à son Fils Jésus Christ, comme le sarment s'attache à la vigne. Voilà la négation du mal. Voilà ce qui impose ses limites au mal. Voilà ce qui l'empêche de dépasser ses bornes. Voilà ce qu'il fallait vivre pour ne jamais le déplacer. Voilà les gestes barrières.

Chères sœurs et chers frères, nos peurs ne montrent-ils pas que nous croyons plus au diable qu'à Dieu ? Nos prières d'exorcisme et agressives, ne montrent-elles pas que nous croyons plus à la présence du diable qu'à celle de Dieu ? Notre façon de vivre la messe ne montre-elle pas que nous y allons juste pour chercher une protection contre le diable ? Notre enclin aux sacramentaux (eau bénite, croix, médailles, sel béni, bénédiction etc....) ne révèle-t-il pas une peur bleue du diable ? La religion ne constitue-t-elle pas pour nous un refuge contre Satan ? Tous ces comportements sont symptomatiques. Ils révèlent tout simplement notre foi en la puissance du diable ; notre foi en son omniprésence et sa puissance de nous faire disparaître en une fraction de seconde. Mais pour nous, en tant que disciples, est-ce Satan qui est omniprésent ou Dieu ? Est-ce Satan qui est puissant ou Dieu, et même tout puissant ? Est-ce Satan qu'il faut craindre ou Dieu ? C'est le règne de Satan ou celui de Dieu ? Une clarification dans notre esprit s'impose, car tous ces comportements, convoquent le diable dans notre vie. Ils le font dépasser ses limites, ses bornes. Par ces comportements, nous le déplaçons dans notre vie, nous le déplaçons dans la société et dans le vécu quotidien des hommes. Je voudrais ici me permettre une analogie. En ce temps de pandémie, nous refusons de respecter les gestes barrières, nous prions seulement et nous avons peur d'être contaminés. Or, il n'est pas question d'avoir peur, il faut juste respecter les gestes barrières, faire sa prière quotidienne et ordinaire et se tenir tranquille. Voilà le comportement idoine d'un bon disciple du Christ devant le mal et même devant le malfaiteur : c'est l'abandon. Après avoir fait tout ce qui est de son devoir, il s'abandonne ; non pas au mal, ni au malfaiteur, mais à Dieu, celui qui juge avec justice.

Bon mercredi saint !

Jeudi Saint

Alors il se mit à leur dire : « Aujourd'hui s'accomplit ce passage de l'Écriture que vous venez d'entendre. » Lc 4, 21.

Contemplons Jésus, en ce jour, le grand prêtre, en tant qu'il est le "oui" du Père. Jésus est le "oui" de toutes les promesses de Dieu. En lui se réalise et s'accomplit toute l'Ecriture.

En effet, tout ce que requiert ce passage est la foi en la personne de Jésus. C'est elle qui nous permet de découvrir cette réalité en Jésus Christ. C'est elle qui nous engage dans cette marche avec lui où nous découvrons, à la fin, qu'il est la présence de Dieu dans notre vie. Et cette présence n'a qu'un seul but : nous fait vivre. Jésus n'est pas là d'abord pour réaliser nos ambitions. Il n'est pas là pour réaliser le matériel et l'existentiel pour nous. Nous avons suffisamment la force et l'intelligence nécessaire pour y arriver par nous-mêmes. Il est venu pour réaliser pour nous le spirituel. Il est venu briser les chaînes spirituelles de nos vies, qui nous maintiennent captifs et nous empêchent de réaliser par nous-mêmes le matériel et l'existentiel. C'est ça la promesse de Dieu dans l'Ecriture. Cette promesse faite par la bouche d'Isaïe, va être reprise et rappelée par Jésus, dans l'évangile de Luc, que nous méditons aujourd'hui : « L'Esprit du Seigneur est sur moi parce que le Seigneur m'a consacré par l'onction. Il m'a envoyé porter la Bonne Nouvelle aux pauvres, annoncer aux captifs leur libération, et aux aveugles qu'ils retrouveront la vue, remettre en liberté les opprimés, annoncer une année favorable accordée par le Seigneur. » Lc 4, 18.19.

Jésus rappelle cette promesse pour montrer à tous son cahier de charge, ce qu'il est venu réaliser pour le Père et avec le Père. Et c'est pour réaliser cette promesse qu'il va donner sa vie, comme une rançon, la rançon de nos chaînes, la rançon de nos captivités, la rançon de nos esclavages, la rançon de nos obstacles, la rançon de nos blocages... Avec son sacrifice, nous sommes libérés de tout, de tous, et de nous-mêmes. La seule chose qui nous reste à faire est de nous approprier ce sacrifice par notre Foi, non seulement en sa personne, mais aussi et surtout en l'efficacité du sacrifice qu'il a fait pour nous, qui le rend réellement présent dans nos vies.

Sans cette foi, nos prières n'ont aucune valeur, nos offrandes n'ont pas de sens et nos adorations sont vaines. Cette foi renouvelle pour nous le sacrifice, à chaque instant, et nous place systématiquement dans l'Aujourd'hui de Dieu, l'Aujourd'hui de sa Parole, l'Aujourd'hui de l'accomplissement de sa Parole, l'Aujourd'hui de la réalisation de ses promesses, l'Aujourd'hui de notre libération.

Que nos prières et nos privations de ces derniers jours nous aident à retrouver cette foi, pour une marche plus vivante et plus joyeuse à la suite de Jésus.

Bon jeudi saint !

Bonne fête de l'institution de l'Eucharistie !

Bonne fête du commandement de l'Amour !

Vendredi Saint

Jésus dit : « J'ai soif. » Jn 19, 28.

C'est l'avant dernière parole de Jésus dans la passion de Jésus Christ selon Saint Jean que nous méditons aujourd'hui. Alors que la dernière parole de Jésus est « Tout est accompli» Jn 19, 30, il aura entre temps soif. C'est ce que Jean nous montre de Jésus dans son évangile. Cette façon de positionner les choses ne doit pas être anodine. Elle doit être remplie de sens pour les disciples d'hier et pour nous aussi, disciples d'aujourd'hui.

En effet, il est important ici de comprendre l'atmosphère dans laquelle Jésus était. A bien suivre son chemin de croix dans cet évangile, Jésus s'est retrouvé, en ce moment, à un carrefour. Il s'est retrouvé à un carrefour où il ne retrouvait plus personne autour de lui : c'est le carrefour de la solitude. Alors qu'il a longtemps et longuement enseigné pour sortir les gens de leur ignorance ; alors qu'il leur a donné à manger pour calmer leur faim ; alors qu'il a guéri leur maladie, leurs malades et les a exorcisé du diable qui les ruinait et les maintenait captif ; alors qu'il a vécu une intimité sacrée avec ses apôtres pour leur faire connaître son père et leur transmettre son pouvoir et sa puissance ; le voilà désormais seul, face à son sort. Le peuple de ses bienfaits criait, « crucifie-le », les apôtres de ses secrets reçus de son père ont disparu. Le vide s'installe autour de lui, la soif le tenaille et il s'exprime en criant : « J'ai soif. ».

Chères sœurs et chers frères, alors que Jésus s'en va accomplir tout pour toi et tout dans ta vie, il a soif. Il a soif de ta présence à lui, il a soif de te voir souffrir pour lui, il a soif de te voir le défendre ou défendre ses intérêts, il a soif de te voir marcher avec lui quoi qu'en soit le chemin, il a soif de te voir parler, sourire et rire avec lui, il a soif d'entendre tes blagues, il a soif de souper ou de dîner avec toi quoi qu'en soit le repas, il a soif de t'accompagner dans tes plaisirs, tes désirs et tes envies, il a soif de faire tes choix avec toi, il a soif de toi même et de ta vie. Oui, Jésus a soif de ton Amour. Étanchons sa soif pour voir fleurir notre vie comme une rose de midi.

Sanctifiant vendredi saint !

Samedi Saint

« Dieu est Mort. »

Cette affirmation du grand philosophe allemand Friedrich Nietzsche, semble être ce que nous observons en ce jour du samedi saint. Dieu est mort, Jésus est mort, et nous demeurons tous en silence auprès du tombeau. Mais de quelle mort s'agit-il ici ? Une mort éternelle, celle qui est jusque-là le fruit du péché ? Assurément non, car Jésus le Fils de Dieu et Dieu n'a jamais péché pour subir la mort comme conséquence du péché. Dieu n'est donc pas mort, Jésus n'est donc pas mort, il a pris par la mort, pour la vaincre à jamais afin qu'elle n'existe plus comme conséquence du péché. C'est ainsi qu'il a arraché ses disciples à la dictature de la mort pour leur procurer sa vie qui ne finit pas, sa vie éternelle. La mort est donc un passage pour Jésus et par ricochet pour tous ceux qui croient en lui. Par cette mort, Jésus est devenu cause du salut éternel pour tous ceux qui croient en lui et qui lui obéissent (Cf. He 5, 9). Ce mystère est grand et mérite d'abord un silence, un grand silence avant que s'éclate l'Alléluia de la nuit pascale. Cet Alléluia est bel et bien le fruit de la joie qui sourd des cœurs à l'annonce de l'Ange et à la vue du tombeau ouvert et vide : « Vous, soyez sans crainte ! Je sais que vous cherchez Jésus le Crucifié. Il n'est pas ici, car il est ressuscité, comme il l'avait dit. Venez voir l'endroit où il reposait. » Mt 28, 5.6.

Dieu n'est pas mort ! Jésus n'est pas mort ! Il est Vivant ! Voilà ce qui fonde l'espérance chrétienne, voilà ce qui fonde la joie des disciples, voilà l'assurance de notre salut.

Disciples du Christ, chante donc et danse ton Alléluia pascal !

Joyeuse fête de Pâques !

Printed by Books on Demand GmbH, Norderstedt / Germany